卷首语

2014年5月16日，最高人民法院公布了《关于审理涉及公证活动相关民事案件的若干规定》（以下简称《规定》）。《规定》针对涉及公证活动相关民事案件的起诉、受理、公证机构的过错认定、公证机构承担的责任等问题，进一步明确了法律适用标准。为帮助广大读者能够全面了解《规定》的制定背景和主要内容，本辑在上辑刊登该司法解释主要起草人撰写的理解与适用文章的基础上，刊载了由著名专家学者、基层法院法官、公证实务人员撰写的深度解读文章，以期能够对广大法官和公证执业人员、公证管理人员有所裨益。

反向抵押养老保险是一种将住房抵押与终身养老年金保险相结合的创新型商业养老保险业务。该业务将传统养老保险与房地产市场联系起来，法律关系复杂，风险因素多，风险管控难度较大。为此，中国保监会专门出台了《关于开展老年人住房反向抵押养老保险试点的指导意见》。本辑收录了该意见以及中国保监会有关部门负责人撰写的解读文章。

关联公司和关联交易问题是人民法院审理民商事案件经常会遇到的重点、难点和疑点问题。本辑刊登了由最高人民法院民二庭资深法官撰写的专门文章，对关联公司、关联交易的规制以及在该制度中如何保护公司债权人、公司中小股东、被控制公司合法利益进行了可资借鉴的探讨和分析。

图书在版编目（CIP）数据

商事法律文件解读. 总第116辑/奚晓明主编. —北京：人民法院出版社，2014.8

（最新法律文件解读丛书）

ISBN 978-7-5109-1031-9

Ⅰ. ①商… Ⅱ. ①奚… Ⅲ. ①商法-法律解释-中国

Ⅳ. ①D923.995

中国版本图书馆 CIP 数据核字（2014）第195730号

商事法律文件解读. 总第116辑

主编　奚晓明

责任编辑　孙振宇
出版发行　人民法院出版社
地　　址　北京市东城区东交民巷27号　邮编　100745
电　　话　（010）67550519（责任编辑）　67550558（发行部查询）
　　　　　　65223677（读者服务部）
网　　址　http：//www.courtbook.com.cn
E-mail　courtbook@sina.com
印　　刷　三河市国英印务有限公司
经　　销　新华书店
开　　本　787×1092毫米　1/16
字　　数　140千字
印　　张　8
版　　次　2014年8月第1版　　2014年8月第1次印刷
书　　号　ISBN 978-7-5109-1031-9
定　　价　16.00元

《最新法律文件解读》丛书
编　委　会

执行编辑　孙振宇

电　　话　（010）67550519

邮　　箱　shangshijiedu@126.com

目　录

[行政法规、法规性文件与解读]

国务院

关于促进市场公平竞争维护市场正常秩序的若干意见

2014年6月4日　　　　国发〔2014〕20号

各省、自治区、直辖市人民政府，国务院各部委、各直属机构：

按照《中共中央关于全面深化改革若干重大问题的决定》精神、国务院机构改革和职能转变要求，现就完善市场监管体系，促进市场公平竞争，维护市场正常秩序提出以下意见。

一、总体要求

（一）指导思想。

以邓小平理论、“三个代表”重要思想、科学发展观为指导，深入学习领会党的十八大、十八届二中、三中全会精神，贯彻落实党中央和国务院的各项决策部署，围绕使市场在资源配置中起决定性作用和更好发挥政府作用，着力解决市场体系不完善、政府干预过多和监管不到位问题，坚持放管并重，实行宽进严管，激发市场主体活力，平等保护各类市场主体合法权益，维护公平竞争的市场秩序，促进经济社会持续健康发展。

（二）基本原则。

简政放权。充分发挥市场在资源配置中的决定性作用，把该放的权力放开放到位，降低准入门槛，促进就业创业。法不禁止的，市场主体即可为；法未授权的，政府部门不能为。

依法监管。更好发挥政府作用，坚持运用法治思维和法治方式履行市场监管职能，加强事中事后监管，推进市场监管制度化、规范化、程序化，建设法治化市场环境。

公正透明。各类市场主体权利平等、机会平等、规则平等，政府监管标准公开、程序公开、结果公开，保障市场主体和社会公众的知情权、参与权、监督权。

权责一致。科学划分各级政府及其部门市场监管职责；法有规定的，政府部门必须为。建立健全监管制度，落实市场主体行为规范责任、部门市场监管责任和属地政府领导责任。

社会共治。充分发挥法律法规的规范作用、行业组织的自律作用、舆论和社会公众的监督作用，实现社会共同治理，推动市场主体自我约束、诚信经营。

（三）总体目标。

立足于促进企业自主经营、公平竞争，消费者自由选择、自主消费，商品和要素自由流动、平等交换，建设统一开放、竞争有序、诚信守法、监管有力的现代市场体系，加快形成权责明确、公平公正、透明高效、法治保障的市场监管格局，到2020年建成体制比较成熟、制度更加定型的市场监管体系。

二、放宽市场准入

凡是市场主体基于自愿的投资经营和民商事行为，只要不属于法律法规禁止进入的领域，不损害第三方利益、社会公共利益和国家安全，政府不得限制进入。

（四）改革市场准入制度。制定市场准入负面清单，国务院以清单方式明确列出禁止和限制投资经营的行业、领域、业务等，清单以外的，各类市场主体皆可依法平等进入；地方政府需进行个别调整的，由省级政府报经国务院批准。（发展改革委、商务部牵头负责）改革工商登记制度，推进工商注册制度便利化，大力减少前置审批，由先证后照改为先照后证。（工商总局、中央编办牵头负责）简化手续，缩短时限，鼓励探索实行工商营业执照、组织机构代码证和税务登记证“三证合一”登记制度。（县级以上地方各级人民政府负责）完善节能节地节水、环境、技术、安全等市场准入标准。探索对外商投资实行准入前国民待遇加负面清单的管理模式。（发展改

革委、商务部牵头负责）

（五）大力减少行政审批事项。投资审批、生产经营活动审批、资质资格许可和认定、评比达标表彰、评估等，要严格按照行政许可法和国务院规定的程序设定；凡违反规定程序设定的应一律取消。（中央编办、法制办、人力资源社会保障部牵头负责）放开竞争性环节价格。（发展改革委牵头负责）省级人民政府设定临时性的行政许可，要严格限定在控制危险、配置有限公共资源和提供特定信誉、身份、证明的事项，并须依照法定程序设定。（省级人民政府负责）对现有行政审批前置环节的技术审查、评估、鉴证、咨询等有偿中介服务事项进行全面清理，能取消的尽快予以取消；确需保留的，要规范时限和收费，并向社会公示。（中央编办、发展改革委、财政部负责）建立健全政务中心和网上办事大厅，集中办理行政审批，实行一个部门一个窗口对外，一级地方政府“一站式”服务，减少环节，提高效率。（县级以上地方各级人民政府负责）

（六）禁止变相审批。严禁违法设定行政许可、增加行政许可条件和程序；严禁以备案、登记、注册、年检、监制、认定、认证、审定、指定、配号、换证等形式或者以非行政许可审批名义变相设定行政许可；严禁借实施行政审批变相收费或者违法设定收费项目；严禁将属于行政审批的事项转为中介服务事项，搞变相审批、有偿服务；严禁以加强事中事后监管为名，变相恢复、上收已取消和下放的行政审批项目。（中央编办、发展改革委、财政部、法制办按职责分工分别负责）

（七）打破地区封锁和行业垄断。对各级政府和部门涉及市场准入、经营行为规范的法规、规章和规定进行全面清理，废除妨碍全国统一市场和公平竞争的规定和做法，纠正违反法律法规实行优惠政策招商的行为，纠正违反法律法规对外地产品或者服务设定歧视性准入条件及收费项目、规定歧视性价格及购买指定的产品、服务等行为。（发展改革委、财政部、商务部牵头负责）对公用事业和重要公共基础设施领域实行特许经营等方式，引入竞争机制，放开自然垄断行业竞争性业务。（发展改革委牵头负责）

（八）完善市场退出机制。对于违反法律法规禁止性规定的市场主体，对于达不到节能环保、安全生产、食品、药品、工程质量等强制性标准的市场主体，应当依法予以取缔，吊销相关证照。（各相关市场监管部门按职责分工分别负责）严格执行上市公司退市制度，完善企业破产制度，优化破产重整、和解、托管、清算等规则和程序，强化债务人的破产清算义务，推行竞争性选任破产管理人的办法，探索对资产数额不大、经营地域不广或者特定小微企业实行简易破产程序。（证监会、法制办按职责分工分别负责）简化和完善企业注销流程，试行对个体工商户、未开业企业以及无债权债务企业实行简易注销程序。（工商总局负责）严格执行金融、食品药品、安全生产、新闻出版等领域违法人员从业禁止规定。抓紧制订试行儿童老年用品及交通运输、建筑工程等领域违法人员从业禁止规定。（人民银行、银监会、证监会、保监会、食品药品监管总局、安全监管总局、新闻出版广电总局、质检总局、交通运输部、住房城乡建设部等部门按职责分工分别负责）

三、强化市场行为监管

依法规范生产、经营、交易等市场行为，创新监管方式，保障公平竞争，促进诚信守法，维护市场秩序。

（九）强化生产经营者主体责任。国务院有关部门要抓紧推动制修订有关条例，完善消费环节经营者首问和赔偿先付制度，建立企业产品和服务标准自我声明公开和监督制度，建立消费品生产经营企业产品安全事故强制报告制度，修订缺陷产品强制召回制度，建立生态环境损害责任制度，提请国务院审议。（工商总局、质检总局、食品药品监管总局、环境保护部、林业局、法制办按职责分工分别负责）试行扩大食品药品、生态环境、安全生产等领域的责任保险，形成风险分担的社会救济机制和专业组织评估、监控风险的市场监督机制。（保监会牵头负责）

（十）强化依据标准监管。加快推动修订标准化法，推进强制性标准体系改革，强化国家强制性标准管理。（质检总局牵头负责）强制性标准严格限定在保障人身健康和生命财产安全、国家安全、生态环境安全的范围。市场主体须严格执行强制性标准，市场监管部门须依据强制性标准严格监管执法。（各相关市场监管部门按职责分工分别负责）

（十一）严厉惩处垄断行为和不正当竞争行为。依照反垄断法、反不正当竞争法、价格法的有关规定，严肃查处损害竞争、损害消费者权益以及妨碍创新和技术进步的垄断协议、滥用市场支配地位行为；加大经营者集中反垄断审查力度，有效防范通过并购获取垄断地位并损害市场竞争的行为；改革自然垄断行业监管办法，强化垄断环节监管。严厉查处仿冒名牌、虚假宣传、价格欺诈、商业贿赂、违法有奖销售、商业诋毁、销售无合法进口证明商品等不正当竞争行为；依法保护各类知识产权，鼓励技术创新，打击侵犯知识产权和制售假冒伪劣商品的行为。（**商务部、发展改革委、工商总局、知识产权局等部门按职责分工分别负责**）

（十二）强化风险管理。加强对市场行为的风险监测分析，加快建立对高危行业、重点工程、重要商品及生产资料、重点领域的风险评估指标体系、风险监测预警和跟踪制度、风险管理防控联动机制。（**各相关市场监管部门按职责分工分别负责**）完善区域产品质量和生产安全风险警示制度。（**质检总局、工商总局、安全监管总局按职责分工分别负责**）依据风险程度，加强对发生事故几率高、损失重大的环节和领域的监管，防范区域性、行业性和系统性风险。（**各相关市场监管部门按职责分工分别负责**）

（十三）广泛运用科技手段实施监管。充分利用信息网络技术实现在线即时监督监测，加强非现场监管执法。充分运用移动执法、电子案卷等手段，提高执法效能。（**工商总局、质检总局、安全监管总局、食品药品监管总局、环境保护部、文化部、海关总署等部门按职责分工分别负责**）利用物联网建设重要产品等追溯体系，形成“来源可查、去向可追、责任可究”的信息链条。（商务部牵头负责）加快完善认定电子签名法律效力的机制。（**工业和信息化部、法制办牵头负责**）

四、夯实监管信用基础

运用信息公示、信息共享和信用约束等手段，营造诚实、自律、守信、互信的社会信用环境，促进各类市场主体守合同、重信用。

（十四）加快市场主体信用信息平台建设。完善市场主体信用信息记录，建立信用信息档案和交换共享机制。逐步建立包括金融、工商登记、税收缴纳、社保缴费、交通违章、统计等所有信用信息类别、覆盖全部信用主体的全国统一信用信息网络平台。推进信用标准化建设，建立以公民身份号码和组织机构代码为基础的统一社会信用代码制度，完善信用信息征集、存储、共享与应用等环节的制度，推动地方、行业信用信息系统建设及互联互通，构建市场主体信用信息公示系统，强化对市场主体的信用监管。（**发展改革委、人民银行牵头负责**）

（十五）建立健全守信激励和失信惩戒机制。将市场主体的信用信息作为实施行政管理的重要参考。根据市场主体信用状况实行分类分级、动态监管，建立健全经营异常名录制度，对违背市场竞争原则和侵犯消费者、劳动者合法权益的市场主体建立“黑名单”制度。（工商总局牵头负责）对守信主体予以支持和激励，对失信主体在经营、投融资、取得政府供应土地、进出口、出入境、注册新公司、工程招投标、政府采购、获得荣誉、安全许可、生产许可、从业任职资格、资质审核等方面依法予以限制或禁止，对严重违法失信主体实行市场禁入制度。（各相关市场监管部门按职责分工分别负责）

（十六）积极促进信用信息的社会运用。在保护涉及公共安全、商业秘密和个人隐私等信息的基础上，依法公开在行政管理中掌握的信用信息。拓宽信用信息查询渠道，为公众查询市场主体基础信用信息和违法违规信息提供便捷高效的服务。依法规范信用服务市场，培育和发展社会信用服务机构，推动建立个人信息和隐私保护的法律制度，加强对信用服务机构和人员的监督管理。（发展改革委、人民银行牵头负责）

五、改进市场监管执法

创新执法方式，强化执法监督和行政问责，确保依法执法、公正执法、文明执法。

（十七）严格依法履行职责。行政机关均须在宪法和法律范围内活动，依照法定权限和程序行使权力、履行职责。没有法律、法规、规章依据，市场监管部门不得作出影响市场主体权益或增加其义务的决定；市场监管部门参与民事活动，要依法行使权利、履行义务、承担责任。（各相关市场监管部门按职责分工分别负责）

（十八）规范市场执法行为。建立科学监管的规则和方法，完善以随机抽查为重点的日常监督检查制度，优化细化执法工作流程，确保程序正义，切实解决不执法、乱执法、执法扰民等问题。（工商总局、质检总局、安全监管总局、食品药品监管总局、环境保护部等部门按职责分工分别负责）完善行政执法程序和制度建设，健全市场监管部门内部案件调查与行政处罚决定相对分离制度，规范执法行为，落实行政执法责任制。建立行政执法自由裁量基准制度，细化、量化行政裁量权，公开裁量范围、种类和幅度，严格限定和合理规范裁量权的行使。行政执法过程中，要尊重公民合法权益，不得粗暴对待当事人，不得侵害其人格尊严，积极推行行政指导、行政合同、行政奖励及行政和解等非强制手段，维护当事人的合法权益。（各相关市场监管部门按职责分工分别负责）推进监管执法职能与技术检验检测职能相对分离，技术检验检测机构不再承担执法职能。（中央编办、质检总局牵头负责）

（十九）公开市场监管执法信息。推行地方各级政府及其市场监管部门权力清单制度，依法公开权力运行流程。公示行政审批事项目录，公开审批依据、程序、申报条件等。（中央编办牵头负责）依法公开监测、抽检和监管执法的依据、内容、标准、程序和结果。除法律法规另有规定外，市场监管部门适用一般程序作出行政处罚决定或者处罚决定变更之日起20个工作日内，公开执法案件主体信息、案由、处罚依据及处罚结果，提高执法透明度和公信力。建立健全信息公开内部审核机制、档案管理等制度。（各相关市场监管部门按职责分工分别负责）

（二十）强化执法考核和行政问责。加强执法评议考核，督促和约束各级政府及其市场监管部门切实履行职责。（县级以上地方各级人民政府负责）综合运用监察、审计、行政复议等方式，加强对行政机关不作为、乱作为、以罚代管等违法违规行为的监督。对市场监管部门及其工作人员未按强制性标准严格监管执法造成损失的，要依法追究责任；对市场监管部门没有及时发现、制止而引发系统性风险的，对地方政府长期不能制止而引发区域性风险的，要依法追究有关行政监管部门直至政府行政首长的责任。因过错导致监管不到位造成食品药品安全、生态环境安全、生产安全等领域事故的，要倒查追责，做到有案必查，有错必究，有责必追。不顾生态环境盲目决策，造成严重后果的领导干部，要终身追究责任。（监察部、审计署、法制办按职责分工分别负责）

六、改革监管执法体制

整合优化执法资源，减少执法层级，健全协作机制，提高监管效能。

（二十一）解决多头执法。整合规范市场监管执法主体，推进城市管理、文化等领域跨部门、跨行业综合执法，相对集中执法权。市场监管部门直接承担执法职责，原则上不另设具有独立法人资格的执法队伍。一个部门设有多支执法队伍的，业务相近的应当整合为一支队伍；不同部门下设的职责任务相近或相似的执法队伍，逐步整合为一支队伍。清理取消没有法律法规依据、违反机构编制管理规定的执法队伍。（中央编办牵头负责）

（二十二）消除多层重复执法。对反垄断、商品进出口、外资国家安全审查等关系全国统一市场规则和管理的事项，实行中央政府统一监管。对食品安全、商贸服务等实行分级管理的事项，要厘清不同层级政府及其部门的监管职责，原则上实行属地管理，由市县政府负责监管。要加强食品药品、安全生产、环境保护、劳动保障、海域海岛等重点领域基层执法力量。由基层监管的事项，中央政府和省、自治区政府市场监管部门，主要行使市场执法监督指导、协调跨区域执法和重大案件查处职责，原则上不设具有独立法人资格的执法队伍。设区的市，市级部门承担执法职责并设立执法队伍的，区本级不设执法队伍；区级部门承担执法职责并设立执法队伍的，市本级不设执法队伍。加快县级政府市场监管体制改革，探索综合设置市场监管机构，原则上不另设执法队伍。乡镇政府（街道）在没有市场执法权的领域，发现市场违法违规行为应及时向上级报告。经济发达、城镇化水平较高的乡镇，根据需要和条件可通过法定程序行使部分市场执法权。（中央编办牵头负责）

（二十三）规范和完善监管执法协作配合机制。完善市场监管部门间各司其职、各负其责、相互配合、齐抓共管的工作机制。制定部门间监管执法信息共享标准，打破"信息孤岛"，实现信息资源开放共享、互联互通。（商务部牵头负责）建立健全跨部门、跨区域执法协作联动机制。（各相关市场监管部门按职责分工分别负责）对未经依法许可的生产经营行为，工商行政管理部门和负责市场准入许可的部门要及时依法查处，直至吊销营业执照。（工商总局、负责市场准入许可的部门按职责分工分别负责）

（二十四）做好市场监管执法与司法的衔接。完善案件移送标准和程序，细化并严格执行执法协作相关规定。（各相关市场监管部门按职责分工分别负责）建立市场监管部门、公安机关、检察机关间案情通报机制。市场监管部门发现违法行为涉嫌犯罪的，应当依法移送公安机关并抄送同级检察机关，不得以罚代刑。公安机关作出立案决定的，应当书面通知移送案件的市场监管部门，不立案或者撤销案件决定的，应当书面说明理由，同时通报同级检察机关。公安机关发现违法行为，认为不需要追究刑事责任但依法应当作出行政处理的，要及时将案件移送市场监管部门。（公安部牵头负责）市场监管部门须履行人民法院的生效裁定和判决。对当事人不履行行政决定的，市场监管部门依法强制执行或者向人民法院申请强制执行。（各相关市场监管部门按职责分

工分别负责）

七、健全社会监督机制

充分发挥社会力量在市场监管中的作用，调动一切积极因素，促进市场自我管理、自我规范、自我净化。

（二十五）发挥行业协会商会的自律作用。推动行业协会商会建立健全行业经营自律规范、自律公约和职业道德准则，规范会员行为。鼓励行业协会商会制定发布产品和服务标准，参与制定国家标准、行业规划和政策法规。支持有关组织依法提起公益诉讼，进行专业调解。加强行业协会商会自身建设，增强参与市场监管的能力。（民政部牵头负责）限期实现行政机关与行业协会商会在人员、财务资产、职能、办公场所等方面真正脱钩。探索一业多会，引入竞争机制。（发展改革委、民政部牵头负责）加快转移适合由行业协会商会承担的职能，同时加强管理，引导其依法开展活动。（民政部、中央编办牵头负责）

（二十六）发挥市场专业化服务组织的监督作用。支持会计师事务所、税务师事务所、律师事务所、资产评估机构等依法对企业财务、纳税情况、资本验资、交易行为等真实性合法性进行鉴证，依法对上市公司信息披露进行核查把关。（财政部牵头负责）推进检验检测认证机构与政府脱钩、转制为企业或社会组织的改革，推进检验检测认证机构整合，有序放开检验检测认证市场，促进第三方检验检测认证机构发展。（中央编办、质检总局牵头负责）推进公证管理体制改革。（司法部负责）加快发展市场中介组织，推进从事行政审批前置中介服务的市场中介组织在人、财、物等方面与行政机关或者挂靠事业单位脱钩改制。建立健全市场专业化服务机构监管制度。（发展改革委、财政部牵头负责）

（二十七）发挥公众和舆论的监督作用。健全公众参与监督的激励机制，完善有奖举报制度，依法为举报人保密。（各相关市场监管部门按职责分工分别负责）发挥消费者组织调处消费纠纷的作用，提升维权成效。（工商总局牵头负责）落实领导干部接待群众来访制度，健全信访举报工作机制，畅通信访渠道。（信访局牵头负责）整合优化各职能部门的投诉举报平台功能，逐步建设统一便民高效的消费投诉、经济违法行为举报和行政效能投诉平台，实现统一接听、按责转办、限时办结，统一督办，统一考核。（县级以上地方各级人民政府负责）强化舆论监督，曝光典型案件，震慑违法犯罪行为，提高公众认知和防范能力。新闻媒体要严守职业道德，把握正确导向，重视社会效果。严惩以有偿新闻恶意中伤生产经营者、欺骗消费者的行为。（新闻出版广电总局牵头负责）对群众举报投诉、新闻媒体反映的问题，市场监管部门要认真调查核实，及时依法作出处理，并向社会公布处理结果。（各相关市场监管部门按职责分工分别负责）

八、完善监管执法保障

加强制度建设，强化执法能力保障，确保市场监管有法可依、执法必严、清正廉洁、公正为民。

（二十八）及时完善相关法律规范。根据市场监管实际需要和市场变化情况，及时修订完善相关法律法规。梳理取消和下放行政审批项目、加强后续监管措施涉及的法律法规、规章和规范性文件，提出法律修改、废止建议，修改或者废止有关法规、规章和规范性文件。研究技术标准、信用信息和信用报告、备案报告等政府管理方式的适用规则。完善市场监管规范性文件合法性审查机制，健全法规、规章和规范性文件备案审查制度。健全行政复议案件审理机制，推动扩大行政诉讼受案范围。（法制办、各相关市场监管部门按职责分工分别负责）

（二十九）健全法律责任制度。调整食品药品、生态环境、安全生产、劳动保障等领域现行法律制度中罚款等法律责任的规定，探索按日计罚等法律责任形式。扩大市场监管法律制度中惩罚性赔偿的适用范围，依法大幅度提高赔偿倍数。强化专业化服务组织的连带责任。健全行政补偿和赔偿制度，当发生市场监管部门及其工作人员行使职权损害相对人合法权益时，须履行补偿或赔偿责任。（各相关市场监管部门、法制办按职责分工分别负责）

（三十）加强执法队伍建设。在财政供养人员总量不增加的前提下，盘活存量、优化结构，完善待遇、选拔任用等激励保障制度，推动执法力量向基层和一线倾斜。加强执法人员专业培训和业务考核，配备必要的执法装备，提高执法人员综合素质和能力水平。（财政部、人力资源社会保障部、中央编办按职责分工分别负责）全面落实财政保障执法经费制度，市场监管工作经费和能力建设经费全部纳入各级财政预算予以保障，确保监管执法人员工资足额发放。严格执行“收支两条线”制度，严禁下达罚款任务，严禁收费罚没收入

按比例返还等与部门利益挂钩或者变相挂钩。（财政部牵头负责）

九、加强组织领导

促进市场公平竞争，完善市场监管体系是一项系统工程，各地区各部门要高度重视、统一思想、狠抓落实，力求取得实效。

（三十一）加强领导，明确分工。各地区各部门要深刻认识完善市场监管体系工作的重大意义，认真落实本意见提出的各项措施和要求。各级人民政府要建立健全市场监管体系建设的领导和协调机制，加强统筹协调、督促落实，明确部门分工任务。各地区各部门要按照职责分工，结合本地区本部门实际，研究出台具体方案和实施办法，细化实化监管措施，落实和强化监管责任。加强新闻宣传和舆论引导，确保市场运行平稳有序。

（三十二）联系实际，突出重点。要把人民群众反映强烈、关系人民群众身体健康和生命财产安全、对经济社会发展可能造成大的危害的问题放在突出位置，着力加强对重点区域、重点领域、重点环节和重点产品的监管，切实解决食品药品、生态环境、安全生产、金融服务、网络信息、电子商务、房地产等领域扰乱市场秩序、侵害消费者合法权益的问题。

（三十三）加强督查，务求实效。各地区各部门要加强对本意见落实工作的监督检查，推动市场监管体系建设，促进市场公平竞争，维护市场正常秩序。国务院办公厅负责对本意见落实工作的统筹协调、跟踪了解、督促检查，确保各项任务和措施落实到位。

[司法解释、司法解释性文件与解读]

《最高人民法院关于审理涉及公证活动相关民事案件的若干规定》解读之一：公证侵权纠纷诉讼规制的统一与完善

张卫平*

根据《公证法》第43条的规定，公证机构及其公证员因过错给当事人、公证事项的利害关系人造成损失的，由公证机构承担相应的赔偿责任。当事人、公证事项的利害关系人与公证机构因赔偿发生争议的，可以向人民法院提起民事诉讼。虽然《公证法》规定对于这类纠纷可以向人民法院提起民事诉讼，人民法院也有权进行审理和裁判，但是在实践中人们对此类纠纷的诉讼依然存在一定的误识。为了保障此类纠纷诉讼的公正，近日出台的《最高人民法院关于审理涉及公证活动相关民事案件的若干规定》（以下简称《规定》），为规范公证侵权纠纷诉讼提供了具体依据。

一、统一了公证侵权纠纷的诉讼规制

《公证法》自2006年开始实施，该法第43条明确规定，涉及公证纠纷的可向人民法院提起民事诉讼，在此类纠纷不断出现的情况下，在现有的司法实践中，仍缺少一个在全国范围内统一适用的公证侵权纠纷诉讼规制办法。《规定》出台的意义就在于，它提出了一套具有相当操作性的诉讼规制办法，有利于统一和规范法官在这类诉讼活动中的司法认知，进而通过法官的裁判进一

* 清华大学法学院教授、中国民事诉讼法学研究会会长。

步规范公证行为。

二、明确了公证行为可诉纠纷的案件范围

《规定》明确规定，当事人、公证事项的利害关系人依照《公证法》第43条规定向人民法院起诉请求民事赔偿的案件，应作为侵权责任纠纷案件。该纠纷是当事人、公证事项的利害关系人与公证机构之间就公证行为是否侵权所发生的纠纷。据此规定，该纠纷及诉讼就明确地与当事人之间对公证书所公证的民事权利义务所发生的争议及诉讼区分开来。后者属于当事人之间就民事权利义务争议提起的一般民事诉讼。应当注意的是，按照《规定》，当事人、公证事项的利害关系人对具有强制执行效力的公证债权文书的民事权利义务有争议直接向人民法院提起民事诉讼的，人民法院依法不予受理。这是因为，按照《公证法》的规定，该公证债权文书已经成为执行根据，因此，直接针对民事权利义务的争议便不具有可诉性。但是，公证债权文书被人民法院裁定不予执行的除外。因为公证债权文书被裁定不予执行，表明该债权文书已经不能作为执行根据，当事人之间就可以对该民事权利义务提起民事诉讼。这种纠纷虽然未必是公证侵权纠纷，但也属于涉及公证的民事纠纷，《规定》重申和强调了公证债权文书的不可诉性，有助于法官正确处理此类案件。

三、确定了公证侵权纠纷的诉讼主体

公证侵权纠纷诉讼为积极确认之诉（仅要求确认公证机关存在侵权责任的诉讼）和给付之诉（赔偿请求之诉）时，原告为当事人、公证事项的利害关系人，被告为公证机构。公证员在公证活动中的行为有过错的，由公证机构承担责任，因此，公证员不能作为公证侵权诉讼的被告。根据《公证法》的规定，公证机构赔偿后，可以向有故意或者重大过失的公证员追偿。公证机构也可以就否认承担其侵权责任向当事人、公证事项的利害关系人提起消极确认之诉，请求法院确认不承担侵权责任。

四、区分了公证赔偿责任的承担方式

《规定》明确规定，当事人提供虚假证明材料申请公证致使公证书错误造成他人损失的，当事人应当承担赔偿责任。如果公证机构未依法尽到审查、核实义务的，应当承担与其过错相应的补充赔偿责任；如果明知公证证明的材料虚假或者与当事人恶意串通的，承担连带赔偿责任。从学理上讲，这两种责任是不同的：连带赔偿责任是平行责任，而补充赔偿责任则是有先后顺序的责任。值得注意的是，《规定》明确了相应补充赔偿责任的诉讼规制，将有助于法官在审理此类案件时对两种不同责任准确加以区分和认定。

《最高人民法院关于审理涉及公证活动相关民事案件的若干规定》解读之二：有效统一法律适用 合理平衡各方利益

薛文成*

近日出台的《最高人民法院关于审理涉及公证活动相关民事案件的若干规定》（以下简称《规定》），至少有以下三个亮点。

一是统一了法律适用标准，避免了裁判冲突。近年来，随着“公证”越来越多走进普通人的生活，相伴而来的则是公证机构屡屡被诉至法院。对公证机构的性质、公证行为是否可以承担责任以及如何承担责任等问题，学者的观点众说纷纭，不同法院的裁判也时有冲突，公证机构和当事人也经常无所适从。此次专门针对涉及公证机构的侵权纠纷出台《规定》，在最高人民法院的司法解释工作中还是第一次。《规定》的及时出台，必将有效统一涉及公证机构侵权赔偿诉讼的法律适用标准，为进一步规范公证事业的发展，更好维护当事人各方利益，起到毋庸置疑的积极作用。比如，《规定》第2条、第3条对当事人要求变更、撤销或者确认公证文书无效等诉请不予受理的规定，有效改变了以往不同法院因为对公证文书的性质认识不同，涉及相关案件审理时，有的法院受理，有的法院不受理；有的按民事诉讼受理，有的作为行政诉讼来受理的混乱局面。从理论上分析，《规定》的态度无疑是非常正确、清晰的。因为，公证文书的主要作用就是证明“客观事实”，是法律赋予较强证明效力的

* 上海市青浦区人民法院副院长。

证据。证据真实合法，法院应当予以采信；不真实或不合法，法院不予采信即可。通过诉讼来变更、撤销或者宣告证据无效，无论在民事诉讼还是行政诉讼程序中，都是不可能的。之前，不同法院对于相关纠纷是否受理、如何受理的分歧，说到底也还是源于对公证文书性质的不同认识。现在，《规定》第2条、第3条的明确规定，不仅消除了以往关于受理问题的种种分歧，还为具体处理公证侵权赔偿纠纷，奠定了统一的理论基础。

二是明确了公证机构侵权赔偿责任的过错判断标准。《规定》第1条就明确，当事人、公证事项的利害关系人依据《公证法》第43条规定，向人民法院起诉请求公证机构承担损害赔偿民事责任的，应当作为侵权赔偿纠纷。而是否需要承担赔偿责任，则要视其行为是否具有过错而定。《规定》第4条结合公证机构的工作特点，以列举和概括相结合的方式，为认定公证机构过错提供了明确的判断标准。概括起来，这些判断标准可以大致分为几类：一是直接违反职业准则类的。比如损毁、篡改公证书或者公证档案，泄露当事人的商业秘密和隐私，违反行业规范要求出具公证书等。在这类情况下，公证机构的过错相对来说可能是比较明显的。二是未尽及时补救义务的。比如对存在错误的公证书，经当事人、利害关系人申请仍不予纠正或者补正等。在这种情况下，公证机构的过错一般也是比较直接和明显的。三是未尽审慎义务类的。比如为不真实、不合法的事项出具公证书，未尽到充分的审核义务致使公证书错误或不真实等。在这种情况下，公证机构是否有过错，往往不是非常直接和明显，需要根据具体情况具体分析和判断。总的来说，公证机构存在上述三种情形，导致不应出具公证书而出具公证书、出具有瑕疵的公证书、出具不真实的公证书等等，都可以被认定为有过错。

三是创新了公证机构民事赔偿责任的承担方式。过错责任的重要规则之一，就是“过错与责任相当”。没有过错，就不承担责任；有多大的过错，就承担多少责任。现实中，公证文书错误的产生原因往往很多，必须区别对待。《规定》第5条、第6条根据不同情况，分别规定了公证机构连带责任、不负赔偿责任等法律后果。特别是，《规定》明确，在当事人提供虚假证明材料申请公证致使公证书错误并造成他人损失的情况下，公证机构在其未尽审核义务的过错范围内承担相应的补充赔偿责任。这是《规定》的最大亮点之一。其合理性在于，在这种情况下，损失完全是由于当事人提供虚假证明材料而产生的，过错完全在于当事人。对因此而受到损害的其他利害关系人来说，由法院判决过错当事人对其承担完全赔偿责任是没有任何问题的。问题在于，提供虚假证明材料骗取公证文书的当事人，在现实中往往责任财产不足，不能保障受到侵害方的利益切实得到赔偿。而公证机构是法定的证明机构，在审核材料方面有一定的专业优势，也应该就此承担一定的审核义务。在当事人提供虚假证明材料的情况下，公证机关应当依法履行核查义务，不能对虚假证明材料视而不见，任由损害发生或者扩大。因此，尽管当事人提供虚假证明材料与造成其他人损害具有直接因果关系，公证机构的审核不严与损害之间仅仅存在间接因果关系，但在直接责任人不能清偿时，由公证机关在未尽审慎审核义务的过错范围内承担相应的补充赔偿责任，对公证关系各方当事人来说，也是一种合理的利益平衡。

《最高人民法院关于审理涉及公证活动相关民事案件的若干规定》解读之三：完善公证救济制度的重要举措

周志扬*

从2005年《公证法》颁布迄今已近十年。在公证事业发展迅速，公证制度渐入人心的同时，错误公证的现象尚未杜绝，当事人、公证事项的利害关系人投诉、起诉公证机构的案例偶有发生。由于《公证法》相关条款的规定较为原则，人民法院在审理涉及公证活动相关民事案件时应当遵循怎样的诉讼规制并不完全明确，哪些问题属于可诉的事由？哪些不应划入可诉的范围？公证机构因过错应承担怎样的赔偿责任？是主要责任还是补充责任？这些年来，各

* 北京市公证协会会长、北京市长安公证处主任。

地人民法院对同类案件存在不同的理解和裁判结果，不仅引发了公证行业的质疑，也引发了当事人对其权利的过度解读，甚至有的已经解决的纠纷又死灰复燃，息诉息访难度很大。

《最高人民法院关于审理涉及公证活动相关民事案件的若干规定》（以下简称《规定》）的出台，为正确审理、解决公证机构与当事人、利害关系人之间的纠纷提供了一套较为全面、稳妥的规则，进一步完善了公证救济制度。笔者认为，《规定》中有几个亮点值得关注。

第一，正确界定了公证机构和审判机构之间的分工。公证机构作为国家授权的、行使司法证明权的专门机构，具有特殊的法律地位。例如，公证证据有着比较高的法律效力，未经法定事由和法定程序推翻，即具有当然的证据效力；经公证赋予强制执行效力的债权文书具有强制执行的效力，不必再经法院审判程序即可直接交付强制执行。这些制度如同仲裁制度、海事法院制度等特殊制度，在传统的审判程序之外建立起非诉讼纠纷解决机制。这种多元化的纠纷解决机制既是社会发展的必然成果，也是一个成熟社会应该充分重视和善加利用的有效手段。

公证文书在民事诉讼中的使用，基本上是以证据的形式出现的，而证据是与其所证明的事实密切相关的，认定一个证据有效，必然以认定其所证明的事实为前提。人民法院依据真实性、合法性、关联性的原则进行审查，最终得出采信或者不采信公证书的结论，不必对证据客观形成的过程以及证据是否有效通过额外的诉讼进行评判。同时，公证机构出具的公证书是体现公证员专业判断的证明文书，人民法院有权决定是否采信，但无权撤销、变更其内容。当事人如果仅就公证书的效力而不是公证书中所涉及的实体权利义务有异议，通过《公证法》第 39 条规定的程序即可获得救济。

《规定》第 2 条、第 3 条充分重视公证自身的规律和特点，将公证机构应承担的救济方式和法院应承担的救济方式区分开来，由公证机构自己负责解决与公证书有关的更正、撤销和效力否定问题，由法院负责解决当事人之间的权利义务争议问题，这种认识和规定回归了事物的本然和应然，体现了人民法院对公证文书的尊重，也为当事人选择权利救济方式指明了路径。

第二，明确界定了公证机构过错的内容。《公证法》规定了公证机构承担赔偿责任的前提是具有过错，但对过错的内容未作详细规定。这样就为审判实践中放大或者缩小过错范围提供了较大的自由裁量权，往往同样的案情却得到大相径庭的审判结果。不同的裁判结果容易给当事人和利害关系人传递“事在人为”的错误信号，同时也不利于公证机构进行内部监督和追究责任。

《规定》对公证机构的过错内容进行了列举式归纳，无疑为公证机构及其公证员的规范执业行为提供了指引，同时也为公证行业制定和完善相关管理和处罚制度奠定了基础。同时，《规定》还进一步界定了《公证法》第40条所指的争议内容，明确该条是针对公证书所公证的民事权利义务，意思更加清晰，表述更加规范，明确了公证机构不是公证书内容的诉讼对象。这在司法实践中将会有效避免对《公证法》的误读，引导当事人正确选择诉讼对象。

第三，合理界定了公证机构应当承担的赔偿责任。审判实践中，因为公证失误，如在办理委托售房的委托书公证过程中未能识别“假人”，导致涉案房产被出售，有的公证处被法院判决免责，有的部分赔偿，个别判决甚至全额赔偿。就此问题，理论界和实务界存在很大争议。沉重的赔偿责任导致很多公证机构大大调高了办理此类高风险业务的门槛，反过来使得大多数诚实守信的当事人被迫付出更多成本和辛劳。在信用缺失的客观环境中，对于恶意诈骗和造假，无论公证机构怎样加强审查，都很难从根本上完全避免出现过错。那么，公证机构应否承担全部责任，成为业界相当关注的问题，也在很大程度上影响了公证机构和公证员的办证积极性。

《规定》区分尽到审查、核实义务的情况和未尽到审查、核实义务的情况，并将公证机构因为过错承担的赔偿责任界定为相应的补充赔偿责任，一方面厘清了在欺诈取得公证书的情况下欺诈人及公证机构承担责任的限度，另一方面明确了权利受到损害者主张赔偿的对象和顺序。同时，针对实践中存在的“知假用假”行为，《规定》第6条明确当事人和利害关系人明知公证书不真实、不合法而仍然使用所造成的损失，公证机构不承担赔偿责任，这样的规定将在一定程度上防止当事人与他人串通致使公证机构承担损害赔偿责任情况的发生，对于正确界定各方责任，起到了一锤定音的积极效果。

（解读之一、二、三原载《人民法院报》2014年6月4日第7版）

[部门规章、部门规章性文件与解读]

中国保监会

关于开展老年人住房反向抵押养老保险试点的指导意见

2014 年 6 月 17 日　　　　保监发〔2014〕53 号

各保监局、中国保险行业协会、各人身保险公司：

为贯彻落实《国务院关于加快发展养老服务业的若干意见》(国发〔2013〕35 号）有关要求，鼓励保险业积极参与养老服务业发展，探索完善我国养老保障体系、丰富养老保障方式的新途径，中国保监会决定开展老年人住房反向抵押养老保险（以下简称反向抵押养老保险）试点。反向抵押养老保险是一种将住房抵押与终身养老年金保险相结合的创新型商业养老保险业务，即拥有房屋完全产权的老年人，将其房产抵押给保险公司，继续拥有房屋占有、使用、收益和经抵押权人同意的处置权，并按照约定条件领取养老金直至身故；老年人身故后，保险公司获得抵押房产处置权，处置所得将优先用于偿付养老保险相关费用。为做好试点有关工作，现提出如下意见：

一、开展试点的重要意义

（一）有利于健全我国社会养老保障体系。建立多层次、可持续的养老保障制度，是有效应对人口老龄化问题，实现社会经济健康发展的必然要求。开展试点有利于丰富养老保障方式，引导社会形成新的养老保障习惯，增强养老保障体系的可持续性。

（二）有利于拓宽养老保障资金渠道。当前，我国缺少将社会存量资产转化为养老资源的有效手段。开展试点，盘活老年人房产，是实现个人经济资源优化配置的积极探索，有利于拓宽养老保障资金来源，提升老年人养老保障水平。

（三）有利于丰富老年人的养老选择。反向抵押养老保险属于商业保险范畴。开展试点，在不影响老年人既有养老福利的前提下，增加了一种新的养老方式，老年人可根据个人生活状况和养老需求自愿投保。

（四）有利于保险业进一步参与养老服务业发展。加快养老服务业发展，是应对养老形势，满足老年人日益增长的养老需求的必然要求。开展试点，有利于发挥保险业风险管理、资金管理等优势，探索行业多方位参与养老服务业发展的有效手段，也为行业自身发展拓展了新空间。

二、开展试点的基本原则

（一）公平守信，保障消费者合法权益。反向抵押养老保险是保险业响应国家号召，推动养老服务业发展的重要手段。该业务以老年人为客户，业务涵盖面广、流程复杂、期间较长。保险公司应顾全大局，立足实际，依法合规经营，公平对待消费者。一是在房产评估、抵押、后续管理等方面秉持公平公正原则，严格执行法律规定及合同约定。二是产品条款简单易懂，业务流程规范可行，使投保老人便于理解和接受。三是在业务运行过程中，充分保障消费者的知情权。要结合老年消费者的消费习惯和特点，加强沟通与交流，对与消费者自身权益有关的信息，应做好披露工作。

（二）审慎经营，强化风险防范。反向抵押养老保险是养老保障方式的创新，涉及老年人的切身利益，社会关注度较高；同时，该业务将传统养老保险与房地产市场联系起来，法律关系复杂，风险因素多，风险管控难度较大。保险公司应坚持审慎经营，高度重视业务经营中可能存在的风险隐患，在条款制定、流程设计、法律合规、业务管理等方面加强风险防范和控制。

（三）大胆创新，注重总结沟通。反向抵押养老保险是对现有商业养老保险的业务模式创新，是构建新型商业养老保险产品框架的积极探索。保险公司应解放思想，结合中央和地方各项养老政策，在改善老年人养老待遇和服务、促进养老保障体系建设、加快养老服务业发展方面广开思路，大胆创新。同时，保险公司要做好试点经验总结，并就相关情况加强与监管部门的沟通，做好信息报送，为日后推广奠定基础。

三、试点资格申请与审核

保险公司开展试点，应当向中国保监会提出申请，获得试点资格。

（一）试点保险公司资格条件。

申请试点资格的保险公司应具备以下条件：

1. 已开业满5年，注册资本不少于20亿元；

2. 满足保险公司偿付能力管理规定，申请试点时上一年度末及最近季度末的偿付能力充足率不低于120%；

3. 具备较强的保险精算技术，能够对反向抵押养老保险进行科学合理定价；

4. 具有专业的法律人员，能够对反向抵押养老保险相关法律问题进行处理；

5. 具有房地产物业管理专业人员，或委托有资质的物业管理机构，有能力对抵押房产进行日常维护及依法处置；

6. 具备完善的公司治理结构、内部风险管理和控制体系，能够对反向抵押养老保险业务实行专项管理和独立核算；

7. 中国保监会规定的其他条件。

（二）保险公司申报材料。

符合试点资格条件的保险公司应提交以下材料供审核：

1. 开展反向抵押养老保险试点申请书；

2. 开展反向抵押养老保险的可行性研究报告；

3. 反向抵押养老保险试点方案，包括但不限于拟试点地区、目标客户、试点业务规模、产品设计思路与定价、业务流程、组织实施和风险防范措施等；

4. 经法律责任人与外部执业律师共同签字的反向抵押养老保险产品条款；

5. 反向抵押养老保险业务宣传资料；

6. 总精算师声明书；

7. 法律责任人声明书；

8. 中国保监会要求的其他材料。

此外，如保险公司委托有资质的物业管理公司进行日常管理，应提交委托合同。

（三）如在试点期间，保险公司出现不符合试点资格条件的情况，中国保监会将暂停其开展反向抵押养老保险新业务，直至其重新符合试点资格条件。

四、试点产品管理

（一）保险公司开展反向抵押养老保险，应对相关房屋按照产权抵押的有关规定进行处理，即投保人依合同约定，将其房产抵押给保险公司，保险公司接受房产抵押，并按照约定条件向投保人支付养老金。

（二）根据保险公司对于投保人所抵押房产增值的处理方式不同，试点产品分为参与型反向抵押养老保险产品和非参与型反向抵押养老保险产品（以下简称参与型产品和非参与型产品）。

（三）参与型产品指保险公司可参与分享房产增值收益，通过评估，对投保人所抵押房产价值增长部分，依照合同约定在投保人和保险公司之间进行分配。非参与型产品指保险公司不参与分享房产增值收益，抵押房产价值增长全部归属于投保人。

（四）保险公司应当在保险合同中明确规定犹豫期的起算时间、长度，犹豫期内客户的权利，以及客户在犹豫期内解除合同可能遭受的损失。犹豫期不得短于30个自然日。

五、试点要求

（一）关于试点业务宣传。反向抵押养老保险是一项新生事物，社会认可度和接受度有待提升。保险公司应客观公正地开展业务宣传，做好消费者教育，如实介绍该业务在丰富养老保障选择、提升养老保障水平等方面的积极作用，明确提示消费者抵押房产的后续评估、管理和处置情况，不得夸大房产增值在提升养老金领取水平方面的作用。反向抵押养老保险业务宣传材料应由总公司统一制作并严格管理，分支机构、销售人员不得擅自编写、印制宣传材料。

（二）关于销售人员管理。中国保监会将适时指导中国保险行业协会建立反向抵押养老保险销售人员资格考试制度。在该制度建立前，保险公司应当根据自身情况，主动建立反向抵押养老保险销售人员管理制度，明确销售人员资格条件，建立培训及考核制度。待中国保险行业协会建立反向抵押养老保险销售人员资格考试制度后，从其规定。反向抵押养老保险销售人员应品行良好、业务熟练、无投诉及其他不良记录。对销售人员的培训内容应当包括与反向抵押养老保险业务相关的专业知识及职业道德培训，其中针对职业道德的培训时间应不短于 1 天。销售人员经考核通过后才可取得反向抵押养老保险业务销售资格。保险公司应将取得资格的销售人员向中国保监会和试点地区保监局报告，并在公司网站公布，以便于消费者随时查询。对存在销售误导行为的销售人员，一经查实，保险公司必须取消其销售资格。

（三）关于销售过程管理。保险公司应加强销售行为和销售过程管理，做到投保年龄符合要求、投保资料真实准确、投保房屋产权清晰、房产评估公正透明、法律调查尽职尽责、合规经营风险可控。要明确参保客户范围和条件，做好客户甄别，不得向不符合相关要求的客户推介业务。要聘请具有一级资质的房地产估价机构对房产价值进行评估，费用由保险公司和消费者共同负担。保险公司应当对消费者进行签约前辅导，全面、客观、准确介绍业务模式、特点、风险及合同条款相关内容，并进行退保赎回价值演示，确保消费者正确理解保险产品及自身的权利义务。保险公司应当通过录音、录像或第三方见证等方式增强合同签订过程的公平性、公正性，确保合同体现各方真实意思表示。保险公司应当在犹豫期内再次向投保人介绍反向抵押养老保险产品，确认投保人的真实购买意愿。对于参与型产品，保险公司与投保人应在保险合同中明确规定参与分享房产增值的方式与比例。保险公司应与投保人约定双方在对所抵押房屋日常维护及管理方面的权利义务，做好房屋的防灾防损和保险工作。

（四）关于信息披露。保险公司每年应定期向客户披露反向抵押养老保险相关信息，包括但不限于年金领取情况、退保赎回价值等。对于参与型产品客户，还应向其披露房产评估价值信息以及房产评估价值变动对年金领取金额的影响。

（五）关于财务管理。反向抵押养老保险的现金流与传统保险业务不同，保险公司应制定试点业务现金流管理方案，确保现金流持续充足，并可探索现金流补充机制。同时，保险公司应按照有关规定，做好试点业务的财务核算和偿付能力管理。

（六）关于服务创新。保险公司应在服务领域延伸、服务内容多样和服务手段创新等方面积极探索，完善与反向抵押养老保险相关的养老服务链条，如针对不同年龄和需求的客户推出医疗保险、健康管理、金融理财等服务。

（七）关于投诉处理。保险公司应高度重视客户投诉，做好解释沟通和后续处理。如查实存在销售误导，可视客户意愿办理退保，并取消有关销售人员销售资格；如属于业务管理问题，应充分听取客户意见，并积极整改。

（八）关于监管问题。试点地区保监局应加强对反向抵押养老保险业务的监管，跟踪研究试点情况，督促保险公司妥善处置消费者投诉，切实保护保险消费者合法权益。对于试点中发现的问题，保险公司应当及时向中国保监会以及试点地区保监局报告。

六、其他事项

（一）投保人群应为60周岁以上拥有房屋完全独立产权的老年人。

（二）试点城市为北京、上海、广州、武汉。

（三）试点期间自2014年7月1日起至2016年6月30日止。

（四）试点期间，单个保险公司开展试点业务，接受抵押房产的评估价值合计不得超过：4% ×上一年末总资产不超过200亿的部分 +0.2% ×上一年末总资产超过200亿的部分。

（五）保险公司应于每月10日前，向中国保监会和试点地区保监局报送反向抵押养老保险的进展情况报告，内容包括但不限于业务开展情况、存在的问题及对试点工作的意见建议等。

本指导意见自2014年7月1日起实施。

解读——《中国保监会关于开展老年人住房反向抵押养老保险试点的指导意见》

中国保监会有关部门负责人

2014年6月17日，中国保监会发布《中国保监会关于开展老年人住房反向抵押养老保险试点的指导意见》（以下简称《指导意见》）。

一、《指导意见》出台的背景

2013年9月，《国务院关于加快发展养老服务业的若干意见》明确提出开展老年人住房反向抵押养老保险试点，并由中国保监会作为此项工作的牵头部门。中国保监会对此高度重视，立即成立课题组，对美国、加拿大、日本、新加坡以及我国香港、台湾地区开展反向抵押业务的有关情况进行了深入研究，搜集整理了过去几年在部分地区开展的多种形式的以房养老实践探索的有关做法和经验，组织保险行业就如何发挥保险业在风险管理、养老服务方面的优势，开展老年人住房反向抵押养老保险进行了研究探讨，并在此基础上出台了《指导意见》。

二、老年人住房反向抵押养老保险的含义及其开展老年人住房反向抵押养老保险的意义

老年人住房反向抵押养老保险，是一种将住房抵押与终身年金保险相结合的创新型商业养老保险业务，即拥有房屋完全产权的老年人，将其房产抵押给保险公司，继续拥有房屋占有、使用、收益和经抵押权人同意的处置权，并按照约定条件领取养老金直至身故；老人身故后，保险公司获得抵押房产处置权，处置所得将优先用于偿付养老保险相关费用。

开展老年人住房反向抵押养老保险，可以将社会存量资产转化为养老资源，有利于丰富养老保障方式，增加老年人的养老选择；也有利于保险业发挥在风险管理、资金管理等方面的优势，更好地参与养老服务业发展。

三、选择北京、上海、广州、武汉四个城市作为试点城市的原因

老年人住房反向抵押养老保险业务在我国尚属新生事物，其业务流程复杂，期限较长，涉及领域广。保险公司开展此项业务，将面临较为突出的利率风险、房价波动风险、长寿风险、现金流风险等业务风险，同时也将受到房地产政策、税收政策以及法律环境的影响。中国保监会对此非常慎重，设立了两年的试点期，希望通过试点的方式，逐步积累经验，进一步明确相关监管要求，研究解决存在的问题，推动该项业务在我国的健康发展。正是基于上述原因，中国保监会决定仅在个别城市开展试点工作。其中北京、上海、广州作为一线城市，经济较为发达，保险市场相对较为成熟，老龄人口数量较多，房地产市场容量较大；武汉和北京均已有保险公司投资兴建养老社区，可在老年人住房反向抵押养老保险和养老社区的结合上开展一些尝试和探索。

四、可以开展老年人住房反向抵押养老保险的公司

中国保监会支持符合资格要求、参与意愿较强、具备一定专业能力和技术水平的保险公司参与试点工作。申请试点资格的保险公司应开业满5年，注册资本不少于20亿元；满足保险公司偿付能力管理规定，申请试点时上一年度末及最近季度末的偿付能力充足率不低于120%；具备开展反向抵押养老保险所必须的专业技术、管理能力和各类专业人员等。

符合试点资格条件的保险公司应向中国保监会提交试点申请书、可行性研究报告、试点方案、经法律责任人与外部执业律师共同签字的产品条款、业务宣传资料、总精算师声明书、法律责任人声明书等材料。此外，如保险公司委托有资质的物业管理公司进行日常管理，应提交委托合同。

五、中国保监会指导保险公司开展的老年人住房反向抵押养老保险的特点和发展前景

和银行推出的反向抵押业务相比，由保险公司开展老年人反向抵押养老保险业务，其最大特点在于将反向抵押业务与终身养老年金保险相结合。一方面，保险公司承担长寿风险，依照合同约定定期向老年人支付养老年金直至身故，确保老人的晚年生活后顾无忧；另一方面，老年人过世后，其房产处置所得在偿还保险公司已支付的养老保险相关费用后，剩余部分依然归法定继承人所有；如果房产处置所得不足以偿付保险公司已支付的养老保险相关费用，保险公司将承担房价不足的风险，不再向老年人的家属追偿。

从该业务在我国的发展前景来看，反向抵押养老保险只是通过市场化手段运作的一种补充养老方式，是为已拥有房产的老年人提供一种增加养老资金来源的选择，不会影响老年人传统的养老方式。

六、中国保监会保护老年消费者合法权益采取的措施

老年人住房反向抵押养老保险牵涉房地产估值、抵押、年金发放等多个环节，法律关系和业务内容较为复杂，且客户群体为老年人，因此，做好老年消费者权益保护，是顺利推进试点的关键和基础。中国保监会高度关注此问题，并在《指导意见》中，从业务宣传、销售人员管理、销售过程管理、信息披露等方面作出了规定：一是要求保险公司客观公正地开展业务宣传，业务宣传材料应由总公司统一制作并严格管理。二是中国保监会将适时指导中国保险行业协会建立反向抵押养老保险销售人员资格考试制度。在该制度建立前，保险公司应主动建立销售人员管理制度，明确资格条件，建立培训及考核制度，并在公司网站公布取得资格的销售人员。三是要求保险公司明确参保客户范围和条件，不得向不符合相关要求的客户推介业务。房产价值应当聘请具有一级资质的房地产估价机构进行评估，费用由保险公司和消费者共同负担。保险公司应当对消费者进行签约前辅导，并通过录音、录像，或第三方见证等方式增强合同签订过程的公平性、公正性。四是规定老年人住房反向抵押养老保险产品的犹豫期为30个自然日，保险公司应当在犹豫期内再次向投保人介绍反向抵押养老保险产品，确认投保人的真实购买意愿。五是要求保险公司定期向客户披露反向抵押养老保险相关信息。六是鼓励保险公司在服务领域延伸、服务内容多样和服务手段创新等方面积极探索，完善与反向抵押养老保险相关的养老服务链条。七是要求保险公司高度重视客户投诉，做好解释沟通和后续处理。

七、中国保监会下一步在推动老年人住房反向抵押养老保险方面采取的措施

中国保监会将从以下三个方面推动老年人住房反向抵押养老保险业务的健康发展。第一，指导各试点保险公司开展反向抵押养老保险试点工作，跟踪试点进展情况，及时发现和解决试点过程中出现的问题。第二，根据试点情况，研究制定反向抵押养老保险相关监管制度，规范保险公司经营行为和销售行为，保护消费者合法权益。第三，借鉴其他国家经验，探索建立住房反向抵押养老保险的消费者教育制度，指导行业协会建立销售人员资格考试制度。此外，我们还将积极和相关部委沟通，进一步争取国家对于该项业务的政策支持。

八、可以参加老年人住房反向抵押养老保险的人员及对老年人投保的建议

老年人住房反向抵押养老保险业务是建立在自愿基础之上的，凡是符合《指导意见》相关规定的老年人均可以根据个人意愿和养老需求自主决定是否投保。对于有意向参加反向抵押养老保险的老年人，我们有以下几点建议：一是要明确自己具有真实的参与意愿，不仅是老年人自己，其家人也能够接受通过住房反向抵押获取养老保障的养老方式；二是要充分了解业务内容，通过向销售人员咨询、向保险公司咨询、向律师等专业人员咨询，包括向监管机构咨询等多种方式，充分了解该业务的流程、各项权利义务等，包括养老金给付、退保、房产维护等方面的要求；三是要有契约精神，一旦决定投保，和保险公司订立合同，就应当能够按照合同要求履行各项义务，满足保险公司对于投保人和抵押房产的各项要求。

由于该项业务较为复杂，建议老年人应当在充分了解该项业务特点的基础上再选择是否购买，并在购买过程中特别关注以下几个环节：一是确认销售人员具有该项业务的销售资格，《指导意见》要求，各试点保险公司应当在公司网站公布具有反向抵押养老保险销售资格的销售人员名单，消费者可主动查询。二是确认房产价值由具备国家一级资质的房地产估价机构进行评估。三是鉴于反向抵押养老保险产品较为复杂，建议老年人可由家属或律师陪同签署保险合同及相关法律文件。四是该业务设定了30日的犹豫期，建议消费者在此期限内再次认真阅读保险合同，如不愿意继续持有该合同，可选择在犹豫期内解除合同，以减少可能发生的损失。

国家外汇管理局

关于发布《跨境担保外汇管理规定》的通知

2014 年 5 月 12 日　　汇发〔2014〕29 号

国家外汇管理局各省、自治区、直辖市分局、外汇管理部，深圳、大连、青岛、厦门、宁波市分局，各中资外汇指定银行：

为深化外汇管理体制改革，简化行政审批程序，规范跨境担保项下收支行为，国家外汇管理局决定改进跨境担保外汇管理方式，制定了《跨境担保外汇管理规定》及其操作指引（以下简称《规定》）。现印发给你们，请遵照执行。

《规定》自 2014 年 6 月 1 日起实施，之前相关规定与本《规定》内容不一致的，以本《规定》为准。《规定》实施后，附件 3 所列法规即行废止。

国家外汇管理局各分局、外汇管理部接到本通知后，应及时转发辖内中心支局、支局、城市商业银行、农村商业银行、外资银行、农村合作银行；各中资银行接到本通知后，应及时转发所辖各分支机构。执行中如遇问题，请及时向国家外汇管理局资本项目管理司反馈。

附件：1. 跨境担保外汇管理规定

2. 跨境担保外汇管理操作指引（略）

3. 废止法规目录（略）

附件 1

跨境担保外汇管理规定

第一章 总 则

第一条 为完善跨境担保外汇管理，规范跨境担保项下收支行为，促进跨境担保业务健康有序发展，根据《中华人民共和国物权法》、《中华人民共和国担保法》及《中华人民共和国外汇管理条例》等法律法规，特制定本规定。

第二条 本规定所称的跨境担保是指担保人向债权人书面作出的、具有法律约束力、承诺按照担保合同约定履行相关付款义务并可能产生资金跨境收付或资产所有权跨境转移等国际收支交易的担保行为。

第三条 按照担保当事各方的注册地，跨境担保分为内保外贷、外保内贷和其他形式跨境担保。

内保外贷是指担保人注册地在境内、债务人和债权人注册地均在境外的跨境担保。

外保内贷是指担保人注册地在境外、债务人和债权人注册地均在境内的跨境担保。

其他形式跨境担保是指除前述内保外贷和外保内贷以外的其他跨境担保情形。

第四条 国家外汇管理局及其分支局（以下简称外汇局）负责规范跨境担保产生的各类国际收支交易。

第五条 境内机构提供或接受跨境担保，应当遵守国家法律法规和行业主管部门的规定，并按本规定办理相关外汇管理手续。

担保当事各方从事跨境担保业务，应当恪守商业道德，诚实守信。

第六条 外汇局对内保外贷和外保内贷实行登记管理。

境内机构办理内保外贷业务，应按本规定要求办理内保外贷登记；经外汇局登记的内保外贷，发生担保履约的，担保人可自行办理；担保履约后应按本规定要求办理对外债权登记。

境内机构办理外保内贷业务，应符合本规定明确的相关条件；经外汇局登记的外保内贷，债权人可自行办理与担保履约相关的收款；担保履约后境内债务人应按本规定要求办理外债登记手续。

第七条 境内机构提供或接受其他形式跨境担保，应符合相关外汇管理规定。

第二章 内保外贷

第八条 担保人办理内保外贷业务，在遵守国家法律法规、行业主管部门规定及外汇管理规定的前提下，可自行签订内保外贷合同。

第九条 担保人签订内保外贷合同后，应按以下规定办理内保外贷登记。

担保人为银行的，由担保人通过数据接口程序或其他方式向外汇局报送内保外贷业务相关数据。

担保人为非银行金融机构或企业（以下简称非银行机构）的，应在签订担保合同后15个工作日内到所在地外汇局办理内保外贷签约登记手续。担保合同主要条款发生变更的，应当办理内保外贷签约变更登记手续。

外汇局按照真实、合规原则对非银行机构担保人的登记申请进行程序性审核并办理登记手续。

第十条 银行、非银行金融机构作为担保人提供内保外贷，按照行业主管部门规定，应具有相应担保业务经营资格。

第十一条 内保外贷项下资金用途应当符合以下规定：

（一）内保外贷项下资金仅用于债务人正常经营范围内的相关支出，不得用于支持债务人从事正常业务范围以外的相关交易，不得虚构贸易背景进行套利，或进行其他形式的投机性交易。

（二）未经外汇局批准，债务人不得通过向境内进行借贷、股权投资或证券投资等方式将担保项下资金直接或间接调回境内使用。

第十二条 担保人办理内保外贷业务时，应对债务人主体资格、担保项下资金用途、预计的还款资金来源、担保履约的可能性及相关交易背景进行审核，对是否符合境内外相关法律法规进行尽职调查，并以适当方式监督债务人按照其申明的用途使用担保项下资金。

第十三条 内保外贷项下担保人付款责任到期、债务人清偿担保项下债务或发生担保履约后，担保人应办理内保外贷登记注销手续。

第十四条 如发生内保外贷履约，担保人为银行的，可自行办理担保履约项下对外支付。

担保人为非银行机构的，可凭担保登记文件直接到银行办理担保履约项下购汇及对外支付。在境外债务人偿清因担保人履约而对境内担保人承担的债务之前，未经外汇局批准，担保人须暂停签订新的内保外贷合同。

第十五条 内保外贷业务发生担保履约的，成为对外债权人的境内担保人或反担保人应当按规定办理对外债权登记手续。

第十六条 境内个人可作为担保人并参照非银行机构办理内保外贷业务。

第三章 外保内贷

第十七条 境内非金融机构从境内金融机构借用贷款或获得授信额度，在同时满足以下条件的前提下，可以接受境外机构或个人提供的担保，并自行签订外保内贷合同：

（一）债务人为在境内注册经营的非金融机构；

（二）债权人为在境内注册经营的金融机构；

（三）担保标的为金融机构提供的本外币贷款（不包括委托贷款）或有约束力的授信额度；

（四）担保形式符合境内、外法律法规。

未经批准，境内机构不得超出上述范围办理外保内贷业务。

第十八条 境内债务人从事外保内贷业务，由发放贷款或提供授信额度的境内金融机构向外汇局集中报送外保内贷业务相关数据。

第十九条 外保内贷业务发生担保履约的，在境内债务人偿清其对境外担保人的债务之前，未经外汇局批准，境内债务人应暂停签订新的外保内贷合同；已经签订外保内贷合同但尚未提款或尚未全部提款的，未经所在地外汇局批准，境内债务人应暂停办理新的提款。

境内债务人因外保内贷项下担保履约形成的对外负债，其未偿本金余额不得超过其上年度末经审计的净资产数额。

境内债务人向债权人申请办理外保内贷业务时，应真实、完整地向债权人提供其已办理外保内贷业务的债务违约、外债登记及债务清偿情况。

第二十条 外保内贷业务发生境外担保履约的，境内债务人应到所在地外汇局办理短期外债签约登记及相关信息备案手续。外汇局在外债签约登记环节对债务人外保内贷业务的合规性进行事后核查。

第四章　物权担保的外汇管理

第二十一条 外汇局不对担保当事各方设定担保物权的合法性进行审查。担保当事各方应自行确认担保合同内容符合境内外相关法律法规和行业主管部门的规定。

第二十二条 担保人与债权人之间因提供抵押、质押等物权担保而产生的跨境收支和交易事项，已存在限制或程序性外汇管理规定的，应当符合规定。

第二十三条 当担保人与债权人分属境内、境外，或担保物权登记地（或财产所在地、收益来源地）与担保人、债权人的任意一方分属境内、境外时，境内担保人或境内债权人应按下列规定办理相关外汇管理手续：

（一）当担保人、债权人注册地或担保物权登记地（或财产所在地、收益来源地）至少有两项分属境内外时，担保人实现担保物权的方式应当符合相关法律规定。

（二）除另有明确规定外，担保人或债权人申请汇出或收取担保财产处置收益时，可直接向境内银行提出申请；在银行审核担保履约真实性、合规性并留存必要材料后，担保人或债权人可以办理相关购汇、结汇和跨境收支。

（三）相关担保财产所有权在担保人、债权人之间发生转让，按规定需要办理跨境投资外汇登记的，当事人应办理相关登记或变更手续。

第二十四条 担保人为第三方债务人向债权人提供物权担保，构成内保外贷或外保内贷的，应当按照内保外贷或外保内贷相关规定办理担保登记手续，并遵守相关规定。

经外汇局登记的物权担保因任何原因而未合法设立，担保人应到外汇局注销相关登记。

第五章 附则

第二十五条 境内机构提供或接受除内保外贷和外保内贷以外的其他形式跨境担保，在符合境内外法律法规和本规定的前提下，可自行签订跨境担保合同。除外汇局另有明确规定外，担保人、债务人不需要就其他形式跨境担保到外汇局办理登记或备案。

境内机构办理其他形式跨境担保，可自行办理担保履约。担保项下对外债权债务需要事前审批或核准，或因担保履约发生对外债权债务变动的，应按规定办理相关审批或登记手续。

第二十六条 境内债务人对外支付担保费，可按照服务贸易外汇管理有关规定直接向银行申请办理。

第二十七条 担保人、债务人不得在明知或者应知担保履约义务确定发生的情况下签订跨境担保合同。

第二十八条 担保人、债务人、债权人向境内银行申请办理与跨境担保相关的购付汇或收结汇业务时，境内银行应当对跨境担保交易的背景进行尽职审查，以确定该担保合同符合中国法律法规和本规定。

第二十九条 外汇局对跨境担保合同的核准、登记或备案情况以及本规定明确的其他管理事项与管理要求，不构成跨境担保合同的生效要件。

第三十条 外汇局定期分析内保外贷和外保内贷整体情况，密切关注跨境担保对国际收支的影响。

第三十一条 外汇局对境内机构跨境担保业务进行核查和检查，担保当事各方、境内银行应按照外汇局要求提供相关资料。对未按本规定及相关规定办理跨境担保业务的，外汇局根据《中华人民共和国外汇管理条例》进行处罚。

第三十二条 国家外汇管理局可出于保障国际收支平衡的目的，对跨境担保管理方式适时进行调整。

第三十三条 本规定由国家外汇管理局负责解释。

解读——《跨境担保外汇管理规定》

国家外汇管理局有关负责人

2014年5月12日，国家外汇管理局出台了《关于发布〈跨境担保外汇管理规定〉的通知》（汇发〔2014〕29号），就《跨境担保外汇管理规定》（以下简称《规定》）及其操作指引等相关内容作出了具体规定。

一、此次《规定》出台的背景

此前涉及跨境担保外汇管理的法规主要有：《境内机构对外担保管理办法》（银发〔1996〕302号）、《境内机构对外担保管理办法实施细则》（〔97〕汇政发字第10号）、《关于境内机构对外担保管理问题的通知》（汇发〔2010〕39号）及《国家外汇管理局关于发布〈外债登记管理办法〉的通知》（汇发〔2013〕19号）。上述法规在颁布初期，对于促进对外经济技术合作，支持对外贸易发展，促进劳务出口和引进国外先进技术、设备及资金，顺利开展对外金融活动，规范对外担保行为，加强对外担保管理等方面，发挥了积极的作用。

随着我国涉外经济的快速增长，国际收支交易规模的不断扩大，跨境担保行为也日趋多样化和复杂化，上述法规仅涵盖对外担保和外保内贷，未涉及其他类型的跨境担保，已不能满足当前市场发展需求。同时，已经明确的相关担保管理政策，审批、核准手续较多，相对于市场需求来说管理方式较为滞后，管理成本较高。因此，国家外汇管理局以“五个转变”为指导思想，调整管理思路，推动简政放权和职能转变，在前期充分调研和征求意见的基础上，适时出台了《规定》，以便利跨境担保活动，推进担保项下资本项目可兑换水平。

二、跨境担保管理方式改革的主要思路

此次出台的《规定》，主要体现了以下管理思路：

一是简政放权。取消或大幅度缩

小跨境担保的数量控制范围和登记范围，只将“担保履约后新增居民对非居民负债或债权的部分跨境担保”纳入逐笔登记范围。同时，清理整合法规，废止了12项跨境担保相关规范性文件。

二是转变职能。合理界定跨境担保的外汇管理范围和监管责任边界。根据外汇管理的目标和职责，合理界定跨境担保的外汇管理范围，纳入外汇管理的跨境担保应主要具备以下特点：符合法律的形式要求、以付款为担保履约方式、相对确定的履约金额、对国际收支可能产生重要影响等。同时，充分尊重上位法、国际惯例和市场需求，将外汇管理与跨境担保交易合同的有效性判定脱钩。外汇局基于国际收支统计法定职责的汇兑登记，在目的和效力上均不同于行业主管部门的确认登记，不作为担保生效或对抗第三人的要件。

三是从事前审批转向事后监管。取消所有事前审批，以登记为主要管理手段。取消担保签约和履约的事前审批和核准事项，代之以比例自律和登记管理；取消大部分业务资格条件限制。

四是强化风险防范。在简政放权的同时，通过配套制度和监管手段，防止跨境担保成为资金异常流动的通道；明确外汇局监测分析职责，强调非现场核查和监督检查，强化违规责任的追究。

三、此次改革在内保外贷外汇管理方面的内容

《规定》中，关于内保外贷的主要管理内容有：

1. 取消内保外贷的数量控制。取消境内机构融资性和非融资性内保外贷的事前审批或指标核定。

2. 取消不必要的资格条件限制。除普遍适用于所有机构的一般性限制条款外（如担保资金用途限制），取消针对特定主体（担保人、被担保人资产负债比例或关联关系要求）或特定交易（如非融资性担保）的资格条件限制。

3. 以登记为主要管理方式。利用现有资本项目信息系统对内保外贷业务进行统计、监测。

4. 取消担保履约核准。银行可自行办理对外担保履约，非银行金融机构和企业凭担保登记凭证直接到银行办理履约。

5. 担保履约后形成对外债权的，应按相关要求办理对外债权登记。

四、此次改革在外保内贷外汇管理方面的内容

《规定》中，关于外保内贷的主要管理内容有：

1. 明确业务资格。债权人须是境内金融机构，债务人须是非金融机构，被担保的债务只能是本外币普通贷款或信用额度。

2. 债权人集中登记。由债权人（即境内金融机构）通过资本项目信息系统向外汇局集中办理数据报备。

3. 债权人自行办理担保履约收款。境内金融机构可直接与境外担保人办理担保履约收款。

4. 担保履约后债务人办理外债登记。担保履约后形成债务人对外负债的，应办理外债登记，但可不纳入普通外债额度限制。债务人因外保内贷履约形成的对外负债，其未偿本金余额不超过其净资产的一倍。

五、《规定》对境内机构签订除内保外贷、外保内贷以外的其他跨境担保合同的管理

根据《规定》，除内保外贷、外保内贷需要履行必要外汇管理登记手续并遵守部分资格条件限制以外，境内机构可自行签订其他形式的跨境的担保合同。需要强调的是，对于其他形式跨境担保合同，《规定》只是在外汇管理方面取消了担保签约环节的限制，担保项下债权人主张担保权利和担保人履行担保履约义务，仍应符合担保行为相关的外债、直接投资及证券投资等管理规定。

六、此次政策改革后防范和控制相关风险的手段

为了应对大额、集中的担保履约而引发的对外债权和债务急剧上升对国际收支造成的风险，《规定》采取的主要风险控制手段有：一是逐笔采集可能新增对外债权债务的担保签约和履约数据；二是通过担保履约倾向审核（尽职审核）、违约后暂停新签约、资金用途负面清单等自律性要求约束当事各方的跨境担保交易行为；三是通过债权债务登记、非现场核查和外汇检查等手段，加强对违规担保行为的监测和处理力度；四是通过国际收支保障条款保留外汇局对跨境担保管理方式进行适时调整的权利。通过以上安排，担保项下跨境资金流动风险总体可控。

七、此次改革跨境担保外汇管理推进资本项目可兑换的表现

《规定》的发布实施，实现跨境担保外汇管理政策的统一和跨境担保的基本可兑换，表现为：在内保外贷领域，此次改革在取消担保事前审批、担保履约核准和大部分资格条件限制的同时，仍然保留了签约环节的逐笔登记；在外保内贷领域，在符合相关限制性条件的情况下，允许中、外资企业自行签约，并允许在净资产的一倍内办理担保履约，统一并大幅度改善境内中、外资企业的外保内贷政策。

沪港股票市场交易互联互通机制试点若干规定

（2014年4月25日中国证券监督管理委员会第38次主席办公会议审议通过　2014年6月13日中国证券监督管理委员会令第101号公布　自公布之日起施行）

第一条　为了规范沪港股票市场交易互联互通机制试点相关活动，保护投资者合法权益，维护证券市场秩序，根据《证券法》和其他相关法律、行政法规，制定本规定。

第二条　本规定所称沪港股票市场交易互联互通机制（以下简称沪港通），是指上海证券交易所和香港联合交易所有限公司（以下简称香港联合交易所）建立技术连接，使内地和香港投资者可以通过当地证券公司或经纪商买卖规定范围内的对方交易所上市的股票。沪港通包括沪股通和港股通两部分。

沪股通，是指香港投资者委托香港经纪商，经由香港联合交易所设立的证券交易服务公司，向上海证券交易所进行申报，买卖规定范围内的上海证券交易所上市的股票。

港股通，是指内地投资者委托内地证券公司，经由上海证券交易所设立的证券交易服务公司，向香港联合交易所进行申报，买卖规定范围内的香港联合交易所上市的股票。

第三条 沪港通遵循两地市场现行的交易结算法律法规，相关交易结算活动遵守交易结算发生地的监管规定及业务规则，上市公司遵守上市地的监管规定及业务规则，证券公司或经纪商遵守所在国家或地区监管机构的监管规定及业务规则，本规定另有规定的除外。

第四条 中国证监会对沪港通业务进行监督管理，并通过监管合作安排与香港证券及期货事务监察委员会及其他有关国家或地区的证券监督管理机构，按照公平、公正、对等的原则，维护投资者跨境投资的合法权益。

第五条 上海证券交易所、香港联合交易所开展沪港通业务，应当履行下列职责：

（一）提供必要的场所和设施；

（二）在对方所在地设立证券交易服务公司，对其业务活动进行管理，督促并协助其履行本规定所赋予的职责；

（三）制定沪港通相关业务规则并进行自律管理；

（四）制定证券交易服务公司开展沪港通业务的技术标准；

（五）对沪港通交易进行实时监控，并建立相应的信息交换制度和联合监控制度，共同监控跨境的不正当交易行为，防范市场风险；

（六）管理和发布沪港通相关的市场信息；

（七）中国证监会规定的其他职责。

上海证券交易所应当按照有关监管要求，制定港股通投资者适当性管理的具体标准和实施指引，并报中国证监会备案。

第六条 证券交易服务公司应当按照证券交易所的相关业务规则或通过证券交易所的相关业务安排履行下列职责：

（一）上海证券交易所证券交易服务公司提供港股通相关服务；香港联合交易所证券交易服务公司提供沪股通相关服务；

（二）提供必要的设施和技术服务；

（三）履行沪股通或港股通额度管理相关职责；

（四）制定沪股通或港股通业务的操作流程和风险控制措施，加强内部控制，防范风险；

（五）上海证券交易所证券交易服务公司应当制定内地证券公司开展港股通业务的技术标准，并对拟开展业务公司的技术系统进行测试评估；香港联合交易所证券交易服务公司应当制定香港经纪商开展沪股通业务的技术标准，并对拟开展业务公司的技术系统进行测试评估；

（六）为证券公司或经纪商提供技术服务，并对其接入沪股通或港股通的技术系统运行情况进行监控；

（七）中国证监会规定的其他职责。

第七条 中国证券登记结算有限责任公司（以下简称中国证券登记结算公司）、香港中央结算有限公司（以下简称香港中央结算公司）开展沪港通业务，应当履行下列职责：

（一）提供必要的场所和设施；

（二）为沪港通业务提供登记、存管、结算服务；

（三）制定相关业务规则；

（四）依法提供名义持有人服务；

（五）对开展沪港通业务的登记结算参与机构的相关活动进行自律管理；

（六）中国证监会规定的其他职责。

第八条 内地证券公司开展港股通业务，应当遵守法律、行政法规、本规定、中国证监会其他规定及相关业务规则的要求，加强内部控制，防范和控制风险，并根据中国证监会及上海证券交易所投资者适当性管理有关规定，制定相应的实施方案，切实维护客户权益。

第九条 因交易异常情况严重影响沪港通部分或全部交易正常进行的，上海证券交易所、香港联合交易所可以按照业务规则和合同约定，暂停部分或者全部沪港通相关业务活动并予以公告。

第十条 上海证券交易所、香港联合交易所开展沪港通业务，限于向投资者提供规定范围内的股票交易服务和中国证监会认可的其他服务。

第十一条 证券交易服务公司和证券公司或经纪商不得自行撮合投资者通过沪港通买卖股票的订单成交，不得以其他任何形式在证券交易所以外的场所对通过沪港通买卖的股票提供转让服务，中国证监会另有规定的除外。

第十二条 境外投资者的境内股票投资，应当遵循下列持股比例限制：

（一）单个境外投资者对单个上市公司的持股比例，不得超过该上市公司股份总数的10%；

（二）所有境外投资者对单个上市公司A股的持股比例总和，不得超过该上市公司股份总数的30%。

境外投资者依法对上市公司战略投资的，其战略投资的持股不受上述比例限制。

境内有关法律法规和其他有关监管规则对持股比例的最高限额有更严格规定的，从其规定。

第十三条 投资者依法享有通过沪港通买入的股票的权益。

内地投资者通过港股通买入的股票应当记录在中国证券登记结算公司在香港中央结算公司开立的证券账户。中国证券登记结算公司应当以自己的名义，通过香港中央结算公司行使对该股票发行人的权利。中国证券登记结算公司行使对该股票发行人的权利，应当通过内地证券公司事先征求内地投资者的意见，并按照其意见办理。

中国证券登记结算公司出具的股票持有记录，是港股通投资者享有该股票权益的合法证明。内地投资者不能要求提取纸面股票，中国证监会另有规定的除外。

香港投资者通过沪股通买入的股票应当登记在香港中央结算公司名下。香港投资者通过沪股通买卖股票达到信息披露要求的，应当依法履行报告和信息披露义务。

第十四条 对于通过港股通达成的交易，由中国证券登记结算公司承担股票和资金的清算交收责任。对于通过沪股通达成的交易，由香港中央结算公司承担股票和资金的清算交收责任。

中国证券登记结算公司及香港中央结算公司，应当按照两地市场结算风险相对隔离、互不传递的原则，互不参加对方市场互保性质的风险基金安排；其他相关风险管理安排应当遵守交易结算发生地的交易结算风险管理有关规定。

第十五条 投资者通过沪港通买卖股票，应当以人民币与证券公司或经纪商进行交收。

第十六条 对违反法律法规、本规定以及中国证监会其他有关规定的，中国证监会依法采取监督管理措施；依法应予行政处罚的，依照《证券法》、《行政处罚法》等法律法规进行处罚；涉嫌犯罪的，依法移送司法机关，追究刑事责任。

中国证监会与香港证券及期货事务监察委员会和其他有关国家或地区的证券监督管理机构，通过跨境监管合作机制，依法查处沪港通业务相关跨境违法违规活动。

第十七条 上海证券交易所、中国证券登记结算公司依照本规定的有关要求，制定沪港通的业务规则，报中国证监会批准后实施。

第十八条 证券交易所、证券交易服务公司及结算机构应当妥善保存履行本规定所规定的职责形成的各类文件、资料，保存期限不少于20年。

第十九条 本规定自公布之日起施行。

首次公开发行股票并在创业板上市管理办法

（2014年2月11日中国证券监督管理委员会第26次主席办公会议审议通过 2014年5月14日中国证券监督管理委员会令第99号公布 自公布之日起施行）

第一章 总 则

第一条 为了规范首次公开发行股票并在创业板上市的行为，促进自主创新企业及其他成长型创业企业的发展，保护投资者的合法权益，维护社会公共利益，根据《证券法》、《公司法》，制定本办法。

第二条 在中华人民共和国境内首次公开发行股票并在创业板上市，适用本办法。

第三条 发行人申请首次公开发行股票并在创业板上市，应当符合《证券法》、《公司法》和本办法规定的发行条件。

第四条 发行人依法披露的信息，必须真实、准确、完整、及时，不得有虚假记载、误导性陈述或者重大遗漏。

发行人作为信息披露第一责任人，应当及时向保荐人、证券服务机构提供真实、准确、完整的财务会计资料和其他资料，全面配合保荐人、证券服务机构开展尽职调查。

第五条 发行人的控股股东、实际控制人、董事、监事、高级管理人员等责任主体应当诚实守信，全面履行公开承诺事项，不得在发行上市中损害投资者的合法权益。

第六条 保荐人及其保荐代表人应当严格履行法定职责，遵守业务规则和行业规范，对发行人的申请文件和信息披露资料进行审慎核查，督导发行人规范运行，对证券服务机构出具的专业意见进行核查，对发行人是否具备持续盈利能力、是否符合法定发行条件作出专业判断，并确保发行人的申请文件和招股说明书等信息披露资料真实、准确、完整、及时。

第七条 为股票发行出具文件的证券服务机构和人员，应当严格履行法定职责，遵守本行业的业务标准和执业规范，对发行人的相关业务资料进行核查验证，确保所出具的相关专业文件真实、准确、完整、及时。

第八条 中国证券监督管理委员会（以下简称中国证监会）依法对发行人申请文件的合法合规性进行审核，依法核准发行人的首次公开发行股票申请，并对发行人股票发行进行监督管理。

证券交易所依法制定业务规则，创造公开、公平、公正的市场环境，保障创业板市场的正常运行。

第九条 中国证监会依据发行人提供的申请文件核准发行人首次公开发行股票申请，不对发行人的盈利能力、投资价值或者投资者的收益作出实质性判断或者保证。

投资者自主判断发行人的投资价值，自主作出投资决策，自行承担股票依法发行后因发行人经营与收益变化或者股票价格变动引致的投资风险。

第十条 创业板市场应当建立健全与投资者风险承受能力相适应的投资者准入制度，向投资者充分提示投资风险，注重投资者需求，切实保护投资者特别是中小投资者的合法权益。

第二章 发行条件

第十一条 发行人申请首次公开发行股票应当符合下列条件：

（一）发行人是依法设立且持续经营三年以上的股份有限公司。有限责任公司按原账面净资产值折股整体变更为股份有限公司的，持续经营时间可以从有限责任公司成立之日起计算；

（二）最近两年连续盈利，最近两年净利润累计不少于一千万元；或者最近一年盈利，最近一年营业收入不少于五千万元。净利润以扣除非经常性损益前后孰低者为计算依据；

（三）最近一期末净资产不少于二千万元，且不存在未弥补亏损；

（四）发行后股本总额不少于三千万元。

第十二条 发行人的注册资本已足额缴纳，发起人或者股东用作出资的资产的财产权转移手续已办理完毕。发行人的主要资产不存在重大权属纠纷。

第十三条 发行人应当主要经营一种业务，其生产经营活动符合法律、行政法规和公司章程的规定，符合国家产业政策及环境保护政策。

第十四条 发行人最近两年内主营业务和董事、高级管理人员均没有发生重大变化，实际控制人没有发生变更。

第十五条 发行人的股权清晰，控股股东和受控股股东、实际控制人支配的股东所持发行人的股份不存在重大权属纠纷。

第十六条 发行人资产完整，业务及人员、财务、机构独立，具有完整的业务体系和直接面向市场独立经营的能力。与控股股东、实际控制人及其控制的其他企业间不存在同业竞争，以及严重影响公司独立性或者显失公允的关联交易。

第十七条 发行人具有完善的公司治理结构，依法建立健全股东大会、董事会、监事会以及独立董事、董事会秘书、审计委员会制度，相关机构和人员能够依法履行职责。

发行人应当建立健全股东投票计票制度，建立发行人与股东之间的多元化纠纷解决机制，切实保障投资者依法行使收益权、知情权、参与权、监督权、求偿权等股东权利。

第十八条 发行人会计基础工作规范，财务报表的编制和披露符合企业会计准则和相关信息披露规则的规定，在所有重大方面公允地反映了发行人的财务状况、经营成果和现金流量，并由注册会计师出具无保留意见的审计报告。

第十九条 发行人内部控制制度健全且被有效执行，能够合理保证公司运行效率、合法合规和财务报告的可靠性，并由注册会计师出具无保留结论的内部控制鉴证报告。

第二十条 发行人的董事、监事和高级管理人员应当忠实、勤勉，具备法律、行政法规和规章规定的资格，且不存在下列情形：

（一）被中国证监会采取证券市场禁入措施尚在禁入期的；

（二）最近三年内受到中国证监会行政处罚，或者最近一年内受到证券交易所公开谴责的；

（三）因涉嫌犯罪被司法机关立案侦查或者涉嫌违法违规被中国证监会立案调查，尚未有明确结论意见的。

第二十一条 发行人及其控股股东、实际控制人最近三年内不存在损害投资者合法权益和社会公共利益的重大违法行为。

发行人及其控股股东、实际控制人最近三年内不存在未经法定机关核准，擅自公开或者变相公开发行证券，或者有关违法行为虽然发生在三年前，但目前仍处于持续状态的情形。

第二十二条 发行人募集资金应当用于主营业务，并有明确的用途。募集资金数额和投资方向应当与发行人现有生产经营规模、财务状况、技术水平、管理能力及未来资本支出规划等相适应。

第三章 发行程序

第二十三条 发行人董事会应当依法就本次发行股票的具体方案、本次募集资金使用的可行性及其他必须明确的事项作出决议，并提请股东大会批准。

本次发行股票时发行人股东公开发售股份的，发行人董事会还应当依法合理制定股东公开发售股份的具体方案并提请股东大会批准。

第二十四条 发行人股东大会应当就本次发行股票作出决议，决议至少应当包括下列事项：

（一）股票的种类和数量；

（二）发行对象；

（三）发行方式；

（四）价格区间或者定价方式；

（五）募集资金用途；

（六）发行前滚存利润的分配方案；

（七）决议的有效期；

（八）对董事会办理本次发行具体事宜的授权；

（九）其他必须明确的事项。

第二十五条 发行人应当按照中国证监会有关规定制作申请文件，由保荐人保荐并向中国证监会申报。

第二十六条 保荐人保荐发行人发行股票并在创业板上市，应当对发行人的成长性进行尽职调查和审慎判断并出具专项意见。发行人为自主创新企业的，还应当在专项意见中说明发行人的自主创新能力，并分析其对成长性的影响。

第二十七条 中国证监会收到申请文件后，在五个工作日内作出是否受理的决定。

第二十八条 中国证监会受理申请文件后，由相关职能部门对发行人的申请文件进行初审，由创业板发行审核委员会审核，并建立健全对保荐人、证券服务机构工作底稿的检查制度。

第二十九条 中国证监会自申请文件受理之日起三个月内，依法对发行人的发行申请作出予以核准、中止审核、终止审核、不予核准的决定，并出具相关文件。发行人根据要求补充、修改发行申请文件的时间不计算在内。

发行人应当自中国证监会核准之日起十二个月内发行股票，发行时点由发行人自主选择；超过十二个月未发行的，核准文件失效，须重新经中国证监会核准后方可发行。

第三十条 发行申请核准后至股票发行结束前，发行人应当及时更新信息披露文件内容，财务报表过期的，发行人还应当补充财务会计报告等文件；保荐人及证券服务机构应当持续履行尽职调查职责；其间发生重大事项的，发行人应当暂缓或者暂停发行，并及时报告中国证监会，同时履行信息披露义务；出现不符合发行条件事项的，中国证监会撤回核准决定。

第三十一条 股票发行申请未获核准的，发行人可自中国证监会作出不予核准决定之日起六个月后再次提出股票发行申请。

第四章 信息披露

第三十二条 发行人应当以投资者的决策需要为导向，按照中国证监会的有关规定编制和披露招股说明书，内容简明易懂，语言浅白平实，便于中小投资者阅读。

第三十三条 中国证监会制定的创业板招股说明书内容与格式准则是信息披露的最低要求。不论准则是否有明确规定，凡是对投资者作出投资决策有重大影响的信息，均应当予以披露。

第三十四条 发行人应当在招股说明书显要位置作如下提示："本次股票发行后拟在创业板市场上市，该市场具有较高的投资风险。创业板公司具有业绩不稳定、经营风险高、退市风险大等特点，投资者面临较大的市场风险。投资者应充分了解创业板市场的投资风险及本公司所披露的风险因素，审慎作出投资决定。"

第三十五条 发行人应当在招股说明书中分析并完整披露对其持续盈利能力产生重大不利影响的所有因素，充分揭示相关风险，并披露保荐人对发行人是否具备持续盈利能力的核查结论意见。

第三十六条 发行人应当在招股说明书中披露相关责任主体以及保荐人、证券服务机构及相关人员作出的承诺事项、承诺履行情况以及对未能履行承诺采取的约束措施，包括但不限于：

（一）本次发行前股东所持股份的限售安排、自愿锁定股份、延长锁定期限或者相关股东减持意向的承诺；

（二）稳定股价预案；

（三）依法承担赔偿或者补偿责任的承诺；

（四）填补被摊薄即期回报的措施及承诺；

（五）利润分配政策（包括现金分红政策）的安排及承诺。

第三十七条 发行人及其全体董事、监事和高级管理人员应当在招股说明书上签名、盖章，保证招股说明书内容真实、准确、完整、及时。保荐人及其保荐代表人应当对招股说明书的真实性、准确性、完整性、及时性进行核查，并在核查意见上签名、盖章。

发行人的控股股东、实际控制人应当对招股说明书出具确认意见，并签名、盖章。

第三十八条 招股说明书引用的财务报表在其最近一期截止日后六个月内有效。特别情况下发行人可申请适当延长，但至多不超过一个月。财务报表应当以年度末、半年度末或者季度末为截止日。

第三十九条 招股说明书的有效期为六个月，自公开发行前招股说明书最后一次签署之日起计算。

第四十条 发行人申请文件受理后，应当及时在中国证监会网站预先披露招股说明书（申报稿）。发行人可在公司网站刊登招股说明书（申报稿），所披露的内容应当一致，且不得早于在中国证监会网站披露的时间。

第四十一条 发行人及保荐人应当对预先披露的招股说明书（申报稿）负责，一经申报及预披露，不得随意更改，并确保不存在故意隐瞒及重大差错。

第四十二条 预先披露的招股说明书（申报稿）不能含有股票发行价格信息。

发行人应当在预先披露的招股说明书（申报稿）的显要位置作如下声明："本公司的发行申请尚未得到中国证监会核准。本招股说明书（申报稿）不具有据以发行股票的法律效力，仅供预先披露之用。投资者应当以正式公告的招股说明书作为投资决定的依据。"

第四十三条 发行人及其全体董事、监事和高级管理人员应当保证预先披露的招股说明书（申报稿）的内容真实、准确、完整、及时。

第四十四条 发行人股票发行前应当在中国证监会指定网站全文刊登招股说明书，同时在中国证监会指定报刊刊登提示性公告，告知投资者网上刊登的地址及获取文件的途径。

发行人应当将招股说明书披露于公司网站，时间不得早于前款规定的刊登时间。

第四十五条 保荐人出具的发行保荐书、证券服务机构出具的文件及其他与发行有关的重要文件应当作为招股说明书备查文件，在中国证监会指定网站和公司网站披露。

第四十六条 发行人应当将招股说明书及备查文件置备于发行人、拟上市证券交易所、保荐人、主承销商和其他承销机构的住所，以备公众查阅。

第四十七条 申请文件受理后至发行人发行申请经中国证监会核准、依法刊登招股说明书前，发行人及与本次发行有关的当事人不得以广告、说明会等方式为公开发行股票进行宣传。

第五章 监督管理和法律责任

第四十八条 证券交易所应当建立适合创业板特点的上市、交易、退市等制度，加强对相关当事人履行公开承诺行为的监督和约束，督促保荐人履行持续督导义务，对违反有关法律、法规、交易所业务规则以及不履行承诺的行为，及时采取相应的监管措施。

第四十九条 证券交易所应当建立适合创业板特点的市场风险警示及投资者持续教育的制度，督促发行人建立健全保护投资者合法权益的制度以及防范和纠正违法违规行为的内部控制体系。

第五十条 自申请文件受理之日起，发行人及其控股股东、实际控制人、董事、监事、高级管理人员以及保荐人、证券服务机构及相关人员即对发行申请文件的真实性、准确性、完整性、及时性承担相应的法律责任。

发行人的发行申请文件和信息披露文件存在自相矛盾或者同一事实表述不一致且有实质性差异的，中国证监会将中止审核并自确认之日起十二个月内不受理相关保荐代表人推荐的发行申请。

第五十一条 发行人向中国证监会报送的发行申请文件有虚假记载、误导性陈述或者重大遗漏的，中国证监会将终止审核并自确认之日起三十六个月内不受理发行人的发行申请，并依照《证券法》的有关规定进行处罚；致使投资者在证券交易中遭受损失的，发行人及其控股股东、实际控制人、董事、监事、高级管理人员以及保荐人、证券服务机构应当依法承担赔偿责任。

第五十二条 发行人不符合发行条件以欺骗手段骗取发行核准的，发行人以不正当手段干扰中国证监会及其发行审核委员会审核工作的，发行人或其董事、监事、高级管理人员、控股股东、实际控制人的签名、盖章系伪造或者变造的，发行人及与本次发行有关的当事人违反本办法规定为公开发行股票进行宣传的，中国证监会将终止审核并自确认之日起三十六个月内不受理发行人的发行申请，并依照《证券法》的有关规定进行处罚。

第五十三条 保荐人出具有虚假记载、误导性陈述或者重大遗漏的发行保荐书的，保荐人以不正当手段干扰中国证监会及其发行审核委员会审核工作的，保荐人或其相关签名人员的签名、盖章系伪造或变造的，或者不履行其他法定职责的，依照《证券法》和保荐制度的有关规定处理。

第五十四条 证券服务机构未勤勉尽责，所制作、出具的文件有虚假记载、误导性陈述或者重大遗漏的，中国证监会将自确认之日起十二个月内不接受相关机构出具的证券发行专项文件，三十六个月内不接受相关签名人员出具的证券发行专项文件，并依照《证券法》及其他相关法律、行政法规和规章的规定进行处罚；给他人造成损失的，应当依法承担赔偿责任。

第五十五条 发行人、保荐人或证券服务机构制作或者出具文件不符合要求，擅自改动招股说明书或者其他已提交文件的，或者拒绝答复中国证监会审核提出的相关问题的，中国证监会将视情节轻重，对相关机构和责任人员采取监管谈话、责令改正等监管措施，记入诚信档案并公布；情节严重的，给予警告等行政处罚。

第五十六条 发行人披露盈利预测，利润实现数如未达到盈利预测的百分之八十的，除因不可抗力外，其法定代表人、财务负责人应当在股东大会及中国证监会指定网站、报刊上公开作出解释并道歉；情节严重的，中国证监会给予警告等行政处罚。

利润实现数未达到盈利预测的百分之五十的，除因不可抗力外，中国证监会还可以自确认之日起三十六个月内不受理该公司的公开发行证券申请。

注册会计师为上述盈利预测出具审核报告的过程中未勤勉尽责的，中国证监会将视情节轻重，对相关机构和责任人员采取监管谈话等监管措施，记入诚信档案并公布；情节严重的，给予警告等行政处罚。

第六章　附　则

第五十七条　本办法自公布之日起施行。《首次公开发行股票并在创业板上市管理暂行办法》（证监会令第61号）、《关于进一步做好创业板推荐工作的指引》（证监会公告〔2010〕8号）同时废止。

创业板上市公司证券发行管理暂行办法

（2014年2月11日中国证券监督管理委员会第26次主席办公会议审议通过　2014年5月14日中国证券监督管理委员会令第100号公布　自公布之日起施行）

第一章　总　则

第一条　为了规范创业板上市公司（以下简称上市公司）证券发行行为，保护投资者的合法权益和社会公共利益，根据《证券法》、《公司法》制定本办法。

第二条　上市公司申请在境内发行证券，适用本办法。

本办法所称证券，指下列证券品种：

（一）股票；

（二）可转换公司债券；

（三）中国证券监督管理委员会（以下简称中国证监会）认可的其他品种。

第三条 上市公司发行证券，可以向不特定对象公开发行，也可以向特定对象非公开发行。

第四条 上市公司发行证券，必须真实、准确、完整、及时、公平地披露或者提供信息，不得有虚假记载、误导性陈述或者重大遗漏。

上市公司作为信息披露第一责任人，应当及时向保荐人、证券服务机构提供真实、准确、完整的财务会计资料和其他资料，全面配合保荐人、证券服务机构开展尽职调查。

第五条 保荐人应当严格履行法定职责，遵守业务规则和行业规范，对保荐的上市公司的申请文件和证券服务机构出具的专业意见进行审慎核查，督导上市公司规范运作，对上市公司是否具备持续盈利能力、是否符合发行条件作出专业判断，并确保所出具的发行保荐书和上市公司的申请文件真实、准确、完整、及时。

第六条 为证券发行出具文件的证券服务机构和人员，应当严格履行法定职责，遵照本行业的业务标准和执业规范，对上市公司的相关业务资料进行核查和验证，确保所出具的专业文件真实、准确、完整、及时。

第七条 上市公司应当建立投资者保护机制，优化投资回报机制，保障投资者的知情权和参与权等权利，切实保护投资者特别是中小投资者的合法权益。

第八条 中国证监会对上市公司证券发行的核准，不表明其对该证券的投资价值或者投资者的收益作出实质性判断或者保证。投资者应当自主判断上市公司的投资价值并作出投资决策，自行承担因上市公司经营与收益的变化引致的投资风险。

第二章　发行证券的条件

第一节　一般规定

第九条　上市公司发行证券，应当符合《证券法》规定的条件，并且符合以下规定：

（一）最近三年盈利，净利润以扣除非经常性损益前后孰低者为计算依据；

（二）会计基础工作规范，经营成果真实。内部控制制度健全且被有效执行，能够合理保证公司财务报告的可靠性、生产经营的合法性，以及营运的效率与效果；

（三）最近三年按照上市公司章程的规定实施现金分红；

（四）最近三年及一期财务报表未被注册会计师出具否定意见或者无法表示意见的审计报告；被注册会计师出具保留意见或者带强调事项段的无保留意见审计报告的，所涉及的事项对上市公司无重大不利影响或者在发行前重大不利影响已经消除；

（五）最近一期末资产负债率高于百分之四十五，但上市公司非公开发行股票的除外；

（六）上市公司与控股股东或者实际控制人的人员、资产、财务分开，机构、业务独立，能够自主经营管理。上市公司最近十二个月内不存在违规对外提供担保或者资金被上市公司控股股东、实际控制人及其控制的其他企业以借款、代偿债务、代垫款项或者其他方式占用的情形。

第十条　上市公司存在下列情形之一的，不得发行证券：

（一）本次发行申请文件有虚假记载、误导性陈述或者重大遗漏；

（二）最近十二个月内未履行向投资者作出的公开承诺；

（三）最近三十六个月内因违反法律、行政法规、规章受到行政处罚且情节严重，或者受到刑事处罚，或者因违反证券法律、行政法规、规章受到中国证监会的行政处罚；最近十二个月内受到证券交易所的公开谴责；因涉嫌犯罪被司法机关立案侦查或者涉嫌违法违规被中国证监会立案调查；

（四）上市公司控股股东或者实际控制人最近十二个月内因违反证券法律、行政法规、规章，受到中国证监会的行政处罚，或者受到刑事处罚；

（五）现任董事、监事和高级管理人员存在违反《公司法》第一百四十七条、第一百四十八条规定的行为，或者最近三十六个月内受到中国证监会的行政处罚、最近十二个月内受到证券交易所的公开谴责；因涉嫌犯罪被司法机关立案侦查或者涉嫌违法违规被中国证监会立案调查；

（六）严重损害投资者的合法权益和社会公共利益的其他情形。

第十一条 上市公司募集资金使用应当符合下列规定：

（一）前次募集资金基本使用完毕，且使用进度和效果与披露情况基本一致；

（二）本次募集资金用途符合国家产业政策和法律、行政法规的规定；

（三）除金融类企业外，本次募集资金使用不得为持有交易性金融资产和可供出售的金融资产、借予他人、委托理财等财务性投资，不得直接或者间接投资于以买卖有价证券为主要业务的公司；

（四）本次募集资金投资实施后，不会与控股股东、实际控制人产生同业竞争或者影响公司生产经营的独立性。

第二节 公开发行股票

第十二条 向原股东配售股份（以下简称配股），除符合本章第一节规定外，还应当符合下列规定：

（一）拟配售股份数量不超过本次配售股份前股本总额的百分之三十；

（二）控股股东应当在股东大会召开前公开承诺认配股份的数量；

（三）采用《证券法》规定的代销方式发行。

控股股东不履行认配股份的承诺，或者代销期限届满，原股东认购股票的数量未达到拟配售数量百分之七十的，上市公司应当按照发行价并加算银行同期存款利息返还已经认购的股东。

第十三条 向不特定对象公开募集股份（以下简称增发），除符合本章第一节规定外，还应当符合下列规定：

（一）除金融类企业外，最近一期末不存在持有金额较大的交易性金融资产和可供出售的金融资产、借予他人款项、委托理财等财务性投资的情形；

（二）发行价格不低于公告招股意向书前二十个交易日或者前一个交易日公司股票均价。

第三节　非公开发行股票

第十四条　上市公司非公开发行股票除符合本章第一节规定外，还应当符合本节的规定。

前款所称非公开发行股票，是指上市公司采用非公开方式，向特定对象发行股票的行为。

第十五条　非公开发行股票的特定对象应当符合下列规定：

（一）特定对象符合股东大会决议规定的条件；

（二）发行对象不超过五名。

发行对象为境外战略投资者的，应当遵守国家的相关规定。

第十六条　上市公司非公开发行股票确定发行价格和持股期限，应当符合下列规定：

（一）发行价格不低于发行期首日前一个交易日公司股票均价的，本次发行股份自发行结束之日起可上市交易；

（二）发行价格低于发行期首日前二十个交易日公司股票均价但不低于百分之九十，或者发行价格低于发行期首日前一个交易日公司股票均价但不低于百分之九十的，本次发行股份自发行结束之日起十二个月内不得上市交易；

（三）上市公司控股股东、实际控制人或者其控制的关联方以及董事会引入的境内外战略投资者，以不低于董事会作出本次非公开发行股票决议公告日前二十个交易日或者前一个交易日公司股票均价的百分之九十认购的，本次发行股份自发行结束之日起三十六个月内不得上市交易。

上市公司非公开发行股票将导致上市公司控制权发生变化的，还应当符合中国证监会的其他规定。

第十七条　上市公司非公开发行股票募集资金用于收购兼并的，免于适用本办法第九条第（一）项的规定。

第四节　发行可转换公司债券

第十八条　公开发行可转换公司债券的上市公司，除应当符合《证券法》

规定的条件外，还应当符合本章第一节和本节的规定。

前款所称可转换公司债券，是指上市公司依法发行、在一定期间内依据约定的条件可以转换成股份的公司债券。

第十九条 可转换公司债券的期限最短为一年。

第二十条 可转换公司债券每张面值一百元。

可转换公司债券的利率由上市公司与主承销商协商确定，但必须符合国家的有关规定。

第二十一条 公开发行可转换公司债券，应当委托具有资格的资信评级机构进行信用评级和跟踪评级。

资信评级机构每年至少公告一次跟踪评级报告。

第二十二条 上市公司应当在可转换公司债券期满后五个工作日内办理完毕偿还债券余额本息的事项。

第二十三条 公开发行可转换公司债券，应当约定保护债券持有人权利的办法，以及债券持有人会议的权利、程序和决议生效条件。

存在下列事项之一的，应当召开债券持有人会议：

（一）拟变更募集说明书的约定；

（二）上市公司不能按期支付本息；

（三）上市公司减资、合并、分立、解散或者申请破产；

（四）保证人或者担保物发生重大变化；

（五）其他影响债券持有人重大权益的事项。

第二十四条 可转换公司债券自发行结束之日起六个月后方可转换为公司股票，转股期限由公司根据可转换公司债券的存续期限及公司财务状况确定。

债券持有人对转换股票或者不转换股票有选择权，并于转股的次日成为上市公司股东。

第二十五条 转股价格应当不低于募集说明书公告日前二十个交易日和前一个交易日公司股票均价。

前款所称转股价格，是指募集说明书事先约定的可转换公司债券转换为每股股份所支付的价格。

第二十六条 募集说明书可以约定赎回条款，规定上市公司可以按事先约定的条件和价格赎回尚未转股的可转换公司债券。

第二十七条 募集说明书可以约定回售条款，规定债券持有人可以按事先约定的条件和价格将所持债券回售给上市公司。

募集说明书应当约定，上市公司改变公告的募集资金用途的，赋予债券持有人一次回售的权利。

第二十八条 募集说明书应当约定转股价格调整的原则及方式。发行可转换公司债券后，因配股、送股、派息、分立及其他原因引起上市公司股份变动的，应当同时调整转股价格。

第二十九条 募集说明书约定转股价格向下修正条款的，应当同时约定：

（一）转股价格修正方案须提交公司股东大会表决，且须经出席会议的股东所持表决权的三分之二以上同意。股东大会进行表决时，持有公司可转换债券的股东应当回避；

（二）修正后的转股价格不低于前项规定的股东大会召开日前二十个交易日和前一个交易日公司股票均价。

第三章　发行程序

第三十条 上市公司申请发行证券，董事会应当依法就下列事项作出决议，并提请股东大会批准：

（一）本次证券发行的方案；

（二）本次发行方案的论证分析报告；

（三）本次募集资金使用的可行性报告；

（四）其他必须明确的事项。

董事会在编制本次发行方案的论证分析报告时，应当结合上市公司所处行业和发展阶段、融资规划、财务状况、资金需求等情况进行论证分析，独立董事应当发表专项意见。论证分析报告至少包括下列内容：

（一）本次发行证券及其品种选择的必要性；

（二）本次发行对象的选择范围、数量和标准的适当性；

（三）本次发行定价的原则、依据、方法和程序的合理性；

（四）本次发行方式的可行性；

（五）本次发行方案的公平性、合理性；

（六）本次发行对原股东权益或者即期回报摊薄的影响以及填补的具体措施。

第三十一条 股东大会就发行股票作出的决定，应当至少包括下列事项：

（一）本次发行证券的种类和数量；

（二）发行方式、发行对象及向原股东配售的安排；

（三）定价方式或者价格区间；

（四）募集资金用途；

（五）决议的有效期；

（六）对董事会办理本次发行具体事宜的授权；

（七）其他必须明确的事项。

第三十二条 股东大会就发行可转换公司债券作出的决定，应当至少包括下列事项：

（一）本办法第三十一条规定的事项；

（二）债券利率；

（三）债券期限；

（四）回售条款；

（五）还本付息的期限和方式；

（六）转股期；

（七）转股价格的确定和修正。

第三十三条 股东大会就发行证券事项作出决议，必须经出席会议的股东所持表决权的三分之二以上通过，中小投资者表决情况应当单独计票。向本公司特定的股东及其关联人发行证券的，股东大会就发行方案进行表决时，关联股东应当回避。

上市公司就发行证券事项召开股东大会，应当提供网络投票的方式，公司还可以通过其他方式为股东参加股东大会提供便利。

第三十四条 上市公司年度股东大会可以根据公司章程的规定，授权董事会决定非公开发行融资总额不超过最近一年末净资产百分之十的股票，该项授权在下一年度股东大会召开日失效。

上市公司年度股东大会给予董事会前款授权的，应当按照本办法第三十一条的规定通过相关决议，作为董事会行使授权的前提条件。

第三十五条 上市公司申请发行证券，应当由保荐人保荐，但是根据本办法第三十七条规定适用简易程序且根据本办法第四十条规定采取自行销售的除外。

保荐人或者上市公司应当按照中国证监会的有关规定编制和报送发行申请文件。

第三十六条 中国证监会依照下列程序审核发行证券的申请：

（一）收到申请文件后，五个工作日内决定是否受理；

（二）中国证监会受理后，对申请文件进行初审；

（三）创业板发行审核委员会审核申请文件；

（四）中国证监会作出核准或者不予核准的决定。

第三十七条 上市公司申请非公开发行股票融资额不超过人民币五千万元且不超过最近一年末净资产百分之十的，中国证监会适用简易程序，但是最近十二个月内上市公司非公开发行股票的融资总额超过最近一年末净资产百分之十的除外。

前款规定的简易程序，中国证监会自受理之日起十五个工作日内作出核准或者不予核准决定。

第三十八条 上市公司应当自中国证监会核准之日起六个月内发行证券。超过六个月未发行的，核准文件失效，须重新经中国证监会核准后方可发行。

第三十九条 上市公司发行证券前发生重大事项的，应当暂缓发行，并及时报告中国证监会。该事项对本次发行条件构成重大影响的，发行证券的申请应当重新经中国证监会核准。

第四十条 上市公司公开发行证券，应当由证券公司承销。非公开发行股票符合以下情形之一的，可以由上市公司自行销售：

（一）发行对象为原前十名股东；

（二）发行对象为上市公司控股股东、实际控制人或者其控制的关联方；

（三）发行对象为上市公司董事、监事、高级管理人员或者员工；

（四）董事会审议相关议案时已经确定的境内外战略投资者或者其他发行对象；

（五）中国证监会认定的其他情形。

上市公司自行销售的，应当在董事会决议中确定发行对象，且不得采用竞价方式确定发行价格。

第四十一条 证券发行申请未获核准的上市公司，自中国证监会作出不予核准的决定之日起六个月后，可以再次提出证券发行申请。

第四章 信息披露

第四十二条 上市公司发行证券，应当以投资者决策需求为导向，按照中国证监会规定的程序、内容和格式，编制公开发行证券募集说明书或者其他信息披露文件，依法履行信息披露义务。

第四十三条 上市公司应当保证投资者及时、充分、公平地获得法定披露的信息，信息披露文件使用的文字应当简洁、平实、浅白、易懂，便于中小投资者阅读。

中国证监会规定的内容是信息披露的最低要求，凡对投资者投资决策有重大影响的信息，上市公司均应当充分披露。

第四十四条 证券发行议案经董事会表决通过后，应当在二个工作日内报告证券交易所，公告召开股东大会的通知。

使用募集资金收购资产或者股权的，应当在公告召开股东大会通知的同时，披露该资产或者股权的基本情况、交易价格、定价依据以及是否与公司股东或者其他关联人存在利害关系。

第四十五条 股东大会通过本次发行议案之日起二个工作日内，上市公司应当披露股东大会决议公告。股东大会决议公告中应当包括中小投资者单独计票结果。

第四十六条 上市公司提出发行申请后，出现下列情形之一的，应当在次一工作日予以公告：

（一）收到中国证监会不予受理或者终止审查决定；

（二）收到中国证监会不予核准或者予以核准决定；

（三）上市公司撤回证券发行申请。

第四十七条 上市公司全体董事、监事、高级管理人员应当在公开发行证券募集说明书等证券发行信息披露文件上签字，保证不存在虚假记载、误导性陈述或者重大遗漏，并声明承担个别和连带的法律责任。

保荐人及保荐代表人应当声明对其保荐的上市公司公开发行证券募集说明书等证券发行信息披露文件的真实性、准确性、完整性和及时性承担责任。

为证券发行出具文件的证券服务机构和人员应当声明对所出具文件的真实性、准确性、完整性和及时性承担责任。

第四十八条 公开发行证券募集说明书等证券发行信息披露文件所引用的审计报告、盈利预测审核报告、资产评估报告、资信评级报告，应当由有资格的证券服务机构出具，并由至少二名有从业资格的人员签署。

公开发行证券募集说明书等证券发行信息披露文件所引用的法律意见书，应当由律师事务所出具，并由至少二名经办律师签署。

第四十九条 公开发行证券募集说明书自最后签署之日起六个月内有效。

公开发行证券募集说明书等证券发行信息披露文件不得使用超过有效期的资产评估报告或者资信评级报告。

第五十条 上市公司在公开发行证券前的二至五个工作日内，应当将经中国证监会核准的公司发行证券募集说明书刊登在中国证监会指定的互联网网站，并置备于中国证监会指定的场所，供公众查阅。

第五十一条 上市公司在非公开发行证券后的二个工作日内，应当将发行情况报告书刊登在中国证监会指定的互联网网站，并置备于中国证监会指定的场所，供公众查阅。

第五十二条 上市公司可以将公开发行证券募集说明书、发行情况报告书刊登于其他网站，但不得早于按照本办法第五十条、第五十一条规定披露信息的时间。

第五章　监管和处罚

第五十三条 上市公司违反本办法规定，中国证监会可以责令改正；对其直接负责的主管人员和其他直接责任人员，可以采取监管谈话、认定为不适当人选等监管措施，记入诚信档案并公布。

第五十四条 上市公司及其直接负责的主管人员和其他直接责任人员违反法律、行政法规或者本办法规定，依法应当予以行政处罚的，依照有关规定进行处罚；涉嫌犯罪的，依法移送司法机关，追究其刑事责任。

第五十五条 自申请文件受理之日起，上市公司及其控股股东、实际控制人、董事、监事、高级管理人员以及保荐人、证券服务机构及相关人员即对申请文件的真实性、准确性、完整性、及时性承担相应的法律责任。

上市公司报送的申请文件中记载的信息自相矛盾、或者就同一事实前后存在不同表述且有实质性差异的，中国证监会将中止审查并自确认之日起十二个月内不受理相关保荐代表人推荐的发行申请。

第五十六条 上市公司报送的申请文件中有虚假记载、误导性陈述或者重大遗漏的，中国证监会将终止审查并自确认之日起三十六个月内不受理该上市公司的发行证券申请，并依照《证券法》的有关规定进行处罚；致使投资者在证券交易中遭受损失的，应当依法承担赔偿责任。

第五十七条 上市公司在发行证券决策、申请、发行过程中，非法向他人提供尚未依法公开披露信息的，中国证监会可以对其直接负责的主管人员和其他直接责任人员采取监管谈话、认定为不适当人选等监管措施，并依照《证券法》的有关规定进行处罚或者追究相关责任。

第五十八条 上市公司披露盈利预测，利润实现数如未达到盈利预测的百分之八十的，除因不可抗力外，其法定代表人、财务负责人应当在股东大会及中国证监会指定网站、报刊上公开作出解释并道歉；情节严重的，中国证监会给予警告等行政处罚。

利润实现数未达到盈利预测的百分之五十的，除因不可抗力外，中国证监会还可以自确认之日起三十六个月内不受理该上市公司的发行证券申请。

注册会计师为上述盈利预测出具审核报告的过程中未勤勉尽责的，中国证监会将视情节轻重，对相关机构和责任人员采取监管谈话等监管措施，记入诚信档案并公布；情节严重的，给予警告等行政处罚。

第五十九条 上市公司违反本办法第十一条第（三）项、第（四）项规定的，中国证监会可以责令改正；情节严重的，自确认之日起三十六个月内不受理该公司的发行证券申请。

第六十条 上市公司及其董事、高级管理人员以及上市公司控股股东、实际控制人及其控制的关联方违反所作出的与上市公司证券发行相关的约定或者承诺的，中国证监会可以对其采取监管谈话、责令公开说明、责令改正、认定为不适当人选等监管措施。

上市公司控股股东或者实际控制人最近十二个月内未履行持股意向等公开承诺的，不得参与本上市公司发行证券认购。

第六十一条 保荐人出具有虚假记载、误导性陈述或者重大遗漏的发行保荐书的，中国证监会可以责令改正，并依照《证券法》和保荐制度的有关规定进行处理；致使投资者遭受损失的，应当依法承担赔偿责任。

第六十二条 保荐人以不正当手段干扰中国证监会及其创业板发行审核委员会审核工作的，保荐人或其相关签名人员的签名、盖章系伪造或变造的，或者不履行其他法定职责的，依照《证券法》和保荐制度的有关规定处理。

第六十三条 为证券发行出具审计报告、法律意见、资产评估报告、资信评级报告及其他专项文件的证券服务机构和人员，在其出具的专项文件中存在虚假记载、误导性陈述或者重大遗漏，中国证监会自确认之日起十二个月内不接受相关机构出具的证券发行专项文件，三十六个月内不接受相关人员出具的证券发行专项文件；致使投资者遭受损失的，应当依法承担赔偿责任。

第六十四条 承销机构在承销非公开发行的证券时，将证券配售给不符合本办法第十五条规定的对象的，中国证监会可以责令改正；情节严重的，自确认之日起三十六个月内不接受其参与证券承销。

第六十五条 上市公司在非公开发行新股时，违反本办法第四十条规定的，中国证监会可以责令改正；情节严重的，自确认之日起三十六个月内不受理该上市公司的发行证券申请。

第六十六条 本办法规定的特定对象违反规定，擅自转让限售期限未满的股票的，中国证监会可以责令改正；情节严重的，自确认之日起十二个月内不得作为特定对象认购证券。

第六章　附　则

第六十七条 上市公司向员工发行证券用于激励的办法、上市公司发行优先股的办法法律法规另有规定的，适用其规定。

第六十八条 本办法自公布之日起施行。

［司法实务问题研究］

浅谈关联公司制度及关联交易中对公司债权人、公司中小股东、被控制公司利益的保护

王东敏*

近年来，人民法院审理民商事案件中经常涉及关联公司及关联交易问题。在这类案件中，大多数是公司债权人、公司中小股东以存在关联公司交易侵权为由提出诉讼请求。公司债权人一般是主张债务人公司发生了关联公司交易，关联公司参与各方公司应为一个利益整体，对公司债务承担连带清偿责任。例如，母公司签订合同后将合同利益转移给其子公司，子公司未签订合同但获得了合同利益，母公司债权人以子公司与母公司存在关联关系为由请求子公司与母公司共同承担合同责任。公司中小股东一般主张公司大股东、实际控制人或者董事、监事、公司高管等利用关联关系损害公司利益或者中小股东利益，请求予以赔偿。例如，某公司为房地产企业，其开发建设的楼盘委托大股东投资设立的公司销售，公司小股东起诉主张大股东利用关联公司输送公司利益，侵犯公司合法权益。在涉及关联公司交易的案件中，相对方的抗辩理由一般集中为其利用关联交易符合公司利益及公司章程，并未违反公司法或者其他法律规定，不存在侵权情形等等。在民商事案件中频繁出现关联公司及关联交易的现象，然而，何谓关联公司及关联交易，哪些关联公司交易是合法合理的，哪些

* 最高人民法院民二庭审判长。

情形违反了合同法、侵权法亦或公司法，我国现有法律对此规制内容很少，在实务中处理该类纠纷几乎找不到可以直接引用的法律条文，处理该问题成为适用法律的难点。本文依据我国现行法律，结合审判实践经验，对关联公司的规制及在该制度中如何保护公司债权人，公司中、小股东合法利益和被控制公司利益，略作粗浅分析。

一、关联公司的形成及法律规制

关联公司是指两个或者两个以上公司主体之间形成的一种组织联盟，它们之间存在控制与被控制或者是组织与协调的关系，在市场经济中他们有统一安排或者共同进退的整体利益。

从外观形式上看，关联公司是两个以上公司主体之间的关系状态，即公司之间存在控制与被控制或者相互控制及其他协调关系。例如，一家公司通过对外投资形成对另一家公司的控股，以母子公司关系建立控制与从属关系。再如，通过承包经营、委托经营、租赁经营等其他合同安排，使公司之间能够经常、持续地发生影响和整体利益协调关系，在各公司之间形成整体利益链条等。

从实质上看，关联公司关系导致公司人格的非独立。在人格非独立的关联公司关系中，一般有一个或者多个实际控制人或者控制公司，或者关联公司之间通过相互持股或者其他合同关系等建立相互制约，从而达到相互控制等。公司决策并非由公司内部的权力机关按照本公司自身的利益作出，各关联公司的行为由实际控制人或者控制公司决定，以关联公司的整体利益为轴心，在参加商品经济活动时一致行动，维护关联公司的整体利益。关联公司中的各公司，往往不再是一个独立的主体，而是一个被支配的客体，公司独立意志被实际控制人或者控制公司剥夺，或者是发生关联的公司独立意志受其加入的契约关系影响、制约等情形。关联公司关系有可能使公司仅具备法律形式上独立人格的外观，但实质上公司已经失去了独立意志，丧失独立的法人人格。

仅仅具备关联公司的外观，但未导致关联公司的人格非独立的，并非典型意义的关联公司。关联公司之间的控制与被控制或者整体利益的协调，是持续的、经常性的。对于虽然存在控制或者整体利益协调关系，但如果是非持续性的、非经常性的，而是一次性的或者偶然性的，不能认定构成关联公司关系。

关联公司是市场经济主体适应商品经济社会发展选择的经营方式。在公司制度发展的早期，独立公司是比较普遍的现象，在资本市场上商人通过向公司投资，通过经营公司获得收益。然而，随着市场经济的发展，单一的仅仅依赖公司间接获取利益的简单经营方式已经不能满足商人的投资需要，商人不但通过向本公司投资的方式获利，而且还要由本公司再向其他公司投资，通过本公司控制其他公司，将其他公司作为本公司的经营客体，获取其他公司的经营利润或者商业机会，从而获得更多的利润，由此产生了公司与公司之间的控制关系，被控制公司无法获得独立人格的关联公司现象。例如，建立母子公司关系，子公司听命于母公司的领导和安排，母公司可以获取子公司的经营成果。再如，通过建立公司之间的联盟，垄断市场、排除竞争、占有市场销售份额、一致行动、联合定价等等。公司的转投资行为使得一家公司可以成为另一家公司的经营客体。关联公司现象的出现，是市场经济发展的需求，通过向其他公司投资或者股权收购等方式渗透到其他公司，直接控制竞争对手，可以有效地排除市场竞争；通过关联公司控制生产链条、控制销售市场，可以控制产品的市场价格；通过建立关联公司，跨行业经营，既可以分散投资风险，也可以分享不同行业或者经济领域的经济发展与经营成果；通过关联公司之间的直接经济往来即关联交易，可以减少公司之间的猜疑，加强信任，使交易更加便捷、长期并持续稳定，同时也减少交易成本等等。关联公司为企业的不断扩大和发展带来了诸多好处，使得愿意做大做强的企业纷纷采取关联公司及关联交易的形式投资经营。关联公司及关联交易的出现是社会经济制度的发展和进步，是市场经济的必然选择，主流市场经济主体纷纷采用关联公司及关联交易的模式开展经营，是现代公司实践的一个重要特征。

关联公司是相对于独立公司提出的概念。公司法律制度发展初期，法律赋予公司绝对独立的人格，对公司的集中控制仅限于公司内部。公司有独立的意志、独立的组织机构、独立的利益，在公司关系中，股东、董事和监事等高级管理人员、聘用职工及公司以外的第三人的利益和权利，安排和界定得比较清晰，公司意志依法不受公司以外的意志控制和安排，公司意志根据法律、公司章程及公司内部的其他规则按照一定的程序形成。通常情况下，股东会是公司的绝对权力机关，股东会选举产生董事会，由公司股东会或者董事会以决议的形式形成公司的决定，由公司董事、高级管理人员等负责表达和实施公司的决定，监事会负责监督董事、高管及公司运作是否符合股东及公司利益等。公司有独立的利益，通常表现为公司有自己的独立核算会计体系、会计账簿等，与公司相关的档案材料等与其他公司不发生混淆，公司为自己的利益经营，不发生让渡公司缔约机会、优质资产、盈利业务及转移利润的情形等等。关联公司的出现，打破了公司法人格独立的界限，关联公司之间通过某种手段建立了控制与被控制或者相互控制关系等，在关联公司成员内部，一家公司有可能成为另一家公司的经营客体，被控制公司失去了独立意志。

当关联公司及关联公司交易这种经济现象出现时，法律制度定位的公司独立地位和独立人格规则受到了挑战。关联公司的出现和发展，冲击了传统的公司独立人格制度，不仅使公司内部及外部关系变得相对复杂，而且对市场经济秩序也发生一定的影响。在公司内部，改变了股东、董事在公司中的支配地位和管理权力，动摇了公司独立人格制度，公司之间的控制，满足大股东或者实际控制人的利益，转移公司利润，损害中小股东权益；在公司外部，通过资产或者利润转移等方式规避到期债务、规避税收；通过关联公司的联盟，可以垄断市场、不当控制和不公平竞争等，这些行为有可能殃及到社会公平交易秩序与安全等。因此，引导和促进关联公司及关联交易健康运行和发展，维护市场经济公平的交易秩序，调整更为复杂的关联公司关系，便成为完善市场经济法律制度所追逐的目标。为规制关联公司及关联交易，公司法律制度对建立关联公司的规范、关联公司中被控制公司的利益、关联公司的中小股东及与关联公司发生交易的债权人利益、社会公众利益如何保护等均作出了规定。

关联公司及关联交易是公司运营高端化发展的必然结果，法律对关联公司及关联交易的态度不是否定，而是积极引导和促进，通过立法规范关联公司的建立，对关联公司引起的特殊关系予以规范，对关联公司的不当关联交易行为予以调整。

德国公司法律将公司划分为独立企业和附属企业，如果一个企业能够直接或者间接地对另一个企业施加影响，则另一企业就是附属企业。德国的康采恩法，对关联企业、康采恩等法律制度作出专门规定。台湾地区“公司法”第369条规定，具有控制与从属关系之公司、具有相互投资关系之公司为关联企业。我国《公司法》也肯定建立关联公司关系。《公司法》第14条第2款规定，公司可以设立子公司，子公司具有法人资格，依法独立承担民事责任。第15条规定，公司可以向其他企业投资；但是，除法律另有规定外，不得成为对所投资企业的债务承担连带责任的出资人。我国《公司法》是允许公司作为出资人向其他有限责任公司或者股份公司投资的，投资的结果可能使其与被投资公司之间形成关联公司关系。对于关联公司引起的法律关系或者是利益关系的变动如何规制，各国家和地区的民商事或者经济立法也有所涉及，例如，针对关联公司对市场竞争的破坏，制定反垄断法、反不正当竞争法；针对关联公司对公司独立人格制度的突破，规定关联公司的一体责任制度，以维护公司债权人利益；针对关联公司中的控制公司有可能剥夺被控制公司的利润等，规定被控制公司及股东的诉权；针对关联公司中的大股东、董事利用关联关系转移公司商业机会和利益等，规定中小股东对大股东、董事、实际控制人及其他受益关联公司的返还公司利益请求权；针对关联公司的隐蔽性，引导关联公司的正确发展，通过公司法、证券法规定信息披露制度、公示制度、通知制度等，保护可能与公司发生关系的相对人及社会公众利益，维护经济秩序和交易安全；针对关联公司收益的整体性，通过会计法规定可以合理调整关联公司之间的会计核算，防止规避国家税收等等。

我国近年来市场经济建设发展速度非常快，世界各国比较成功的公司运营模式很快就被引进来，在大、中型公司中，以建立关联公司模式开展投资和经营的模式比较普遍，但公司法律制度起步比较晚，并未及时跟进市场经济发展的需求。我国现行《公司法》除在第15条明确肯定了可以建立关联公司外，还在第216条规定了关联公司可能涉及的几个概念。该条第2项规定了控股股东的概念，第3项规定了实际控制人的概念，第4项规定了关联关系的概念及同受国家控股企业关联关系的排除。此外，第124条规定了上市公司董事涉及关联关系的表决回避制度。第20条规定了利用关联关系损害他人利益的处置内容。鉴于我国经济发展水平及法制建设情况，与世界经济发达国家相比较，在更加详尽的法律层面对关联公司的制度规范，立法暂时是缺失的，面对这种局面，有可能导致实践中对因此发生的社会矛盾没有统一的执法标准，这使得我们研究和探讨解决该问题的方案尤为重要。

二、保护公司债权人利益的关联公司一体责任

关联公司一体民事责任，是指关联公司中的一个或者几个成员对外发生债务责任时，将关联公司中的成员公司视为一个整体，共同承担责任，即关联公司的一体责任。关联公司的一体责任，与传统民法中的连带清偿责任后果是相同的。关联公司一体责任是关联公司制度中维护公司债权人利益的法宝。

在我国，凡是领取了企业法人营业执照的有限责任公司或者股份公司，一般应视为有独立人格和独立意志的民事主体。在公司法律关系中，法律要求设立的各有限责任公司或者股份公司均有独立的人格，对外独立承担民事责任。设立公司行为属于国家行政许可范畴，是国家单方批准一个社团具有法律人格的行为。公司一经批准立即取得法律上的独立人格，具有独立意志，独立承担民事责任、行政责任等等。因此，凡是在公司登记机关领取了企业法人营业执照的有限责任公司或者股份公司，国家法律法规已经认可了其在社会中的法律地位，即具有独立的人格，独立地承担责任。

公司虽然领取了企业法人营业执照，但依据公司法律制度仍然可以认定其丧失了独立的意志，非独立承担责任的情形，这种法律制度安排是对突破公司独立人格制度的特殊规定。

已经取得独立法人资格的公司，应坚守其独立人格和意志，其行为应符合其对社会公示的独立法人行为。如果某公司故意打破其独立人格和意志而建立关联公司，一定是符合其经济利益和需求的，其在打破独立民事主体资格界限时应承担相应的法律后果。公司在享受关联公司带来的某些特殊利益或者好处时，应承担相应的义务或者责任，这种制度安排符合权利义务对等的基本法律原则。

关联公司情形是公司法律制度规定公司民事责任非独立的一个法律事实，在预先未建立民事法律关系的情形下，由于关联公司关系的存在，关联公司的成员对非本公司债务有可能承担民事责任。公司民事责任非独立，需要公司法律制度作出特殊规定，关联公司现象是公司法律制度规定公司责任非独立的法律事实之一，当关联公司现象出现时，保护公司债权人利益的公司非独立责任法律制度，即关联公司一体责任制度有可能被考虑适用。

确认关联公司及关联公司对成员公司的债务承担一体责任应当是非常谨慎的。由于各成员公司在外观上已经具备了法律赋予其独立承担责任的全部要件，而隐藏在公司内部及成员之间的关系联盟并非以简单方式即可识别，况且发生民商事纠纷后存在成员公司预规避责任等因素，发现关联公司承担责任的法律事实相对比较困难，认定关联公司对债权人承担一体责任属于适用法律的疑难问题。实务中认定关联公司对债权人承担一体责任，应重点关注以下构成要件：

（一）公司之间构成关联关系

关联公司有纵向建立的，也有横向建立的。通过纵向投资关系建立的关联公司，往往是单向的控制，即上级公司对下级公司的控制，比较典型的是母、子公司之间的关系，公司和控股公司的关系等。我国《公司法》第15条规定：“公司可以向其他企业投资；但是，除法律另有规定外，不得成为对所投资企业的债务承担连带责任的出资人。”该规定是关于转投资的规定，允许设立关联公司，但限定了被投资公司的类型，不得直接建立承担连带责任的公司关系，从投资公司的角度保持独立，避免承担另一公司债务的连带责任。另外，通过其他关系安排也可以产生一个公司对另一个公司的控制，也可以视为纵向建立控制关系的关联公司。例如，两家公司股东或者董事完全相同或者多数相同、存在亲属关系，足以在公司股东会、董事会中通过多数表决的方式控制从属公司；再如，一家公司监管另一家公司的人事任免、财务会计、业务经营等，也可以形成一家公司对另一家公司的有效控制，足以导致从属公司失去独立的人格和意志。

通过横向建立的关联公司，公司之间的控制并非是单向的控制与从属关系，有可能是彼此互为控制与从属关系，比较典型的是相互投资、交叉持股，相互保留董事席位或互派高管人员等，以及通过合同建立的其他协调或者控制关系等。横向关联公司之间有互相控制或者制约的色彩，这种控制和制约，应当在法律允许的范围内，如果超出法律规定的范围，导致各关联公司丧失独立的意志和利益，出现人格非独立情形的，在对外承担民事责任时关联公司被视为一个整体，共同承担连带责任。

实际上，无论是纵向建立的关联公司，还是横向建立的关联公司，以及兼具两种控制方式的关联公司，他们之间有一些共同的特点，即关联公司之间实际存在控制与从属关系，或者是相互控制关系，这种控制与从属或者是相互控制关系是持续的、经常的，是关联公司之间存在的一种管理体制，关联公司整体存在统一组织、一致行动、相互配合与衔接等全局利益关系，关联公司中被控制的成员有可能丧失独立人格与意志。因履行合同或者其他关系存在的一次的、偶然的控制，不构成关联公司。

关联公司的控制一般体现在人事控制、财务控制及业务经营控制等。例如，控制公司任命从属公司董事、经理等高管人员；互相控制公司之间均为对方保留董事席位；由控制公司统一主管财务，安排利润转移以逃避税收；控制公司统一安排调度业务经营，使从属公司进行不符合常规的业务或者不利益的经营等。

关于公司相互持股问题，一般国家和地区公司法均作出限制性规定。例如，台湾地区“公司法”规定，公司与他公司相互投资各达对方有表决权之股份总数或资本总额三分之一以上者，为相互投资公司。被持有已发行有表决权之股份总数或资本总额超过半数之从属公司，不得将控制公司之股份收买或者收为质物。前项控制公司及其从属公司直接或间接持有他公司已发行有表决权之股份总数或资本总额合计超过半数者，他公司亦不得将控制公司及其从属公司之股份收买或收为质物。台湾地区“公司法”的上述规定表明，相互持股不超过三分之一时，“公司法”不作任何规范，不认可构成相互控制的关联公司。相互持股在三分之一以上，不得超过一半，交叉持股在三分之一和一半之间是法律认可的相互投资范围。

台湾地区“公司法”对关联公司（关系企业）有明确的概念，即指独立存在而相互间具有下列关系的企业：（1）有控制与从属关系之公司；（2）相互投资之公司。有控制与从属关系的公司，一般是通过持有他公司有表决权之股份或者出资额，超过他公司已发行有表决权之股份或者出资额半数，即可从外观上认定存在控制关系。

我国关联公司法律规制是缺失的。《公司法》第216条第4项规定：“关联关系，是指公司控股股东、实际控制人、董事、监事、高级管理人员与其直接或者间接控制的企业之间的关系，以及可能导致公司利益转移的其他关系。但是，国家控股的企业之间不仅因为同受国家控股而具有关联关系。”

该条规定涉及建立关联关系的部分路径，因我国《公司法》对关联公司制度的规定不是很完善，该条规定涉及的关联关系仅针对公司控股股东、实际控制人、董事、监事、高级管理人员利用关联关系侵占公司利益问题，未涉及关联公司侵犯公司债权人利益的情形，即关联公司作为一个整体承担对外责任的问题。该条规定但书内容，针对我国国有企业的特点，明确排除了控股的国有企业之间不构成关联关系。简言之，国有企业有其特殊性，不能依据投资关系认定关联公司关系。

（二）关联公司中的关联环节参与了引起民事责任的法律事实

关联公司是公司法律允许建立的，因此，即使构成了关联公司，在具体民事法律关系中，也不当然承担一体责任。关联公司是否要承担一体责任，应当结合引发民事责任的法律事实，关联公司中的关联环节对法律事实的参与程度，根据具体情况作出判断。

一般可以分两种情形：一种是关联公司直接参与了引起民事责任的法律事实；另一种是关联公司虽未直接参与法律事实，但关联公司之间的关联环节足以导致法人格非独立，关联公司基于法人格非独立承担一体责任。当然，有些案例是关联公司同时存在上述两种情形，因而需要承担一体责任。

关联公司对外承担的民事责任主要是合同责任和侵权责任，对承担合同和侵权民事责任的法律构成要件应当有所区别。合同责任是民事主体因主动设立民事法律关系而形成的，对责任后果等双方当事人往往是有预期的；而侵权责任是被动的，侵权人对承担责任往往没有预期，其承担责任是因其行为不当，妨碍或者侵犯了他人权益，遵循法律规定应作出适当弥补或者赔偿。

在合同关系中引起的一体责任，关联公司的各成员公司往往是参与了合同的签订、履行，或者是实际享有了合同利益。例如，由上位公司签订合同，但下位公司实际承受了合同利益，以上位公司的名义借款，实际将资金拨付给下位公司使用等等。在因关联公司关系承担的合同民事责任案例中，一般具有这样的特点，一个公司有可能并非合同的签约主体，但实际上积极参与合同的履行，享有合同的权利而未支付合理对价，隐藏在合同背后，仅享有合同权利而不情愿承担合同义务，签约公司为表面上的合同当事人，其将合同的权利无偿让渡给隐藏在背后的公司，表面上的合同当事人与隐藏在背后的公司之间存在关联关系，构成关联公司。

有两种情形是需要排除适用的：一种是合同表面当事人和隐藏在合同背后的公司之间不构成关联公司，即参与合同的履行或者实际享有合同利益的公司与签订合同的公司之间不存在关联关系，不能依据关联公司法律制度确认其承担一体民事责任。当然，不依据关联公司关系认定责任的承担，不排除适用其他法律制度，要求两公司对债务共同承担连带责任。对于没有关联公司关系的公司，有可能与其他公司共同承担了民事责任，但应排除适用关联公司法律制度。例如，在连环购销合同中，第一手供货方违约导致第二手供货方违约，最终导致买受人蒙受损失，买受人有可能依据合同请求第一手、第二手供货方共同承担连带责任。再如，委托代理合同关系中，委托人和受托人违约时，相对方有可能依据合同约定主张委托人和受托人共同承担民事责任。在民事诉讼实务中，这种共同承担责任的一方有时被列为共同被告，有时被列为无独立请求权的第三人。另一种是隐藏在合同背后的公司支付了合理的对价，存在正当交易。虽然存在关联公司关系，但参与履行合同的公司支付了合理的对价，或者虽然与签订合同的公司存在关联关系，但彼此保持相对独立的人格，其经营和运作符合公司法律对公司独立人格、独立意志制度的要求，应排除适用关联公司制度。

在侵权关系中引起的一体责任，各关联公司成员往往处于侵权链上。承担侵权责任的一般构成要件为：民事主体主观上存在故意或者过失，客观上有侵权行为，受害人发生了损害结果，侵权行为和损害结果之间存在因果关系。另外，法律还有关于侵权行为的其他特殊规定等。在上述侵权要件均确定存在且侵权主体应当承担责任的前提下，再考虑关联公司是否要承担一体责任。

关联公司承担侵权民事责任应当考虑的是侵权行为环节，即在确定应当承担民事侵权责任的情况下，是否让关联公司承担一体责任，应着重考虑在侵权行为上关联公司的参与度。例如，仓储公司在保管货物的过程中管理不善导致货物变质等，仓储公司应承担侵权责任。由于仓储公司将库房发包给其关联公司经营，仓储公司的整个库房管理系统完全是由关联公司负责的，在这种情形下，可以考虑仓储公司及其关联公司承担一体责任，即对受害人的损失承担连带责任。再如，在环境污染案件中，被告发生污染的企业，排放污染的主要生产环节被其关联公司管理和控制，由关联公司组织实施生产或者提供主要技术支持，关联公司应当与被告污染的企业承担一体责任。在医药生产、食品生产和销售领域中，也往往会出现挂靠、连锁、分装、分销等生产和营销模式，如果发生产品质量问题等侵权事件，也可以考虑关联公司承担一体责任的问题。但我国目前关于挂靠、连锁、分装、分销等经济形式各有不同特点，公司之间是否构成关联公司关系，还应根据具体情形作出判断，不能将上述经济现象一并认定为具有关联公司关系。

关联公司承担侵权一体责任的特点，在外观上看往往是侵权公司在组织生产或者销售等，发生侵权的主体是侵权公司，即对外公示的是侵权公司的行为，但是，在这个侵权公司内部的某个生产或者销售管理环节等，关联公司直接参与了，关联公司获准在侵权公司内部的活动内容，对侵权行为发挥了一定的作用，因此，关联公司与侵权公司应对侵权行为共同承担责任，即关联公司之间对外承担一体责任。

侵权责任与合同责任竞合情形下如何处理。侵权事件是在当事人之间事先存在合同关系的情形下发生的，即在合同履行过程中因产品质量问题发生的侵权责任等情形，法律规定当事人可以有两种救济途径：一种是一方当事人依据合同请求对方当事人按照约定承担相应责任；另一种是撇开合同，直接依据侵权法请求对方承担侵权责任。两种方法受害人可以任选其一，但不能合并主张或者获得双倍的赔偿，我们称这种情形为侵权责任与合同责任的竞合。

我国《侵权责任法》第43条规定："因产品存在缺陷造成损害的，被侵权人可以向产品的生产者请求赔偿，也可以向产品的销售者请求赔偿。产品缺陷由生产者造成的，销售者赔偿后，有权向生产者追偿。因销售者的过错使产品存在缺陷的，生产者赔偿后，有权向销售者追偿。"根据上述规定，受害人可以选择依据合同向销售者起诉，也可以选择依据侵权法向产品生产者起诉。法律赋予受害人两种诉权，受害人可以任选其一，但受害人只能获得一个赔偿，而赔偿的最终支付者是导致产品质量发生问题的生产者或者销售者。

对于未直接参与侵权法律事实，但关联公司之间的控制足以导致人格混同，基于人格混同也应承担一体责任。实践中，对关联公司人格混同的认定，应当极为慎重和严谨，不宜简单否定公司法人资格。近几年我国的司法实践总结出可以认定公司人格混同的几个参考环节：第一，资产混同。主要表现为各公司没有各自独立的出资，上下级公司之间的财务安排未分离，没有单独的财务账册，未单独核算经营利润等，各公司之间转移资产、利益及交易机会等没有对价，互相挪用。第二，人员混同。主要表现为董事、高管等企业的核心管理人员混同，或者被统一的实际控制人控制。第三，业务混同。各公司混同经营业务，生产或者销售及其他业务混同操作，没有明显界限。第四，对外没有可见的分开的公司形式。主要表现为办公地点或者营业场所一致，对外互相代表，在某种场合经常表明两家公司是一体的，共享利润，或者其他行为曾经误导公众为一体公司等等。对于这种情况，虽然未参与合同或者侵权法律关系，但也有可能基于关联公司之间的人格混同而承担一体化责任。

关联公司之间人格非独立与股东滥用公司法人资格刺破公司面纱略有不同。关联公司中的人格非独立是因公司被控制，控制公司与非控制公司承担连带责任，一般是公司外部的力量导致公司丧失独立人格。而股东滥用公司人格是股东在管理公司过程中，股东资产与公司资产界限不清等，安排股东放弃有限投资责任，对公司债务承担无限连带责任等。这种区分不是绝对的，有时是重合的，例如控制公司为被控制公司股东，即构成关联公司的控制，也可以构成股东滥用法人资格。关联公司的建立法律并不禁止，而股东滥用法人资格是法律禁止的，但如果关联公司建立和运行超出法律规定的范围，就有可能构成滥用关联关系，承担相应的法律后果。

三、关联公司制度中对中、小股东利益的保护

关联公司往往是按照大股东或者实际控制人的意愿建立的。公司在资本市场上如何获利，转投资的投资对象、投资比例等一般由占有表决权多数的大股东或者公司实际控制人决定，中、小股东的意思在和大股东的利益一致时，才有可能通过公司实现，中、小股东能够控制公司的情况相对较少。当然，也不排除个别公司实际是由中、小股东实际控制经营和决策的情况。多数情况下，在实际建立的关联公司体系中，各关联公司的中、小股东的经营管理权很难落实，其投资收益也可能被关联公司的整体利益安排剥夺，关联公司的存在有可能违反中、小股东投资公司的最初目的。因此，公司法律在允许建立关联公司关系的同时，为保证利益的平衡，也安排了对中、小股东利益的保护制度，主要体现在以下几个方面：

（一）规定公司控股股东、实际控制人、董事、监事、高级管理人员不得利用关联关系损害公司利益

公司控股股东、实际控制人、董事、监事、高级管理人员在管理公司中有控制优势地位，因此公司法律制度对其提出明确的约束指引，不得利用关联关系损害公司利益。关于利用关联关系与公司利益的关系问题，我国《公司法》第21条明确规定："公司的实际控制人、董事、监事、高级管理人员不得利用其关联关系损害公司利益。违反前款规定，给公司造成损失的，应当承担赔偿责任。"第216条第4项明确规定："关联关系，是指公司控股股东、实际控制人、董事、监事、高级管理人员与其直接或者间接控制的企业之间的关系，以及可能导致公司利益转移的其他关系。"

该条是关于关联关系的定义，可能有两种情况：一种是这种关联关系与本公司构成关联公司。例如，在损害本公司利益事件中接受利益的公司与本公司存在共同股东、董事等控制与被控制关系，或者相互交叉持股关系等。另一种是关联关系不涉及关联公司关系。该条中涉及的高级管理人员的范围不确定，在公司虽然没有决策权，但其有可能利用在特殊岗位行使公司某些管理权的机会，转移公司的利益，例如，某高级管理人员自己投资建立另一公司，其在本公司中虽然没有决策权，但其利用在公司的权限向其投资的另一公司转移公司商业机会或其他利益，但本公司与接受好处的公司之间不构成关联公司。我们这里讨论的是第一种情况，关联关系为存在于关联公司之间的关联关系。

我国《公司法》该规定是从限制损害公司利益角度作出的规定，损害公司利益间接损害公司股东利益。因此，《公司法》将不得利用关联公司损害公司利益作出明确规定，也是对公司中、小股东利益的保护。

由于公司法律制度是不禁止建立关联公司体系的，而关联公司体系的建立，有可能要对各公司之间的业务、收益及利润等进行调整，比较典型的是控制公司经常将被控制公司的收益划转，或者将优益资产转移。这种调整是有可能损害中、小股东利益的，因此，有些国家公司法律规定在当年的会计年度内给于补足，否则构成侵权。中小股东基于此行为可以行使诉权。

（二）规定股东不得滥用权利损害公司其他股东利益

股东应当正当行使在公司中的权利，如果滥用权利，公司法律制度规定了修补的机会。例如，股东利用其表决权的多数控制公司实施某项决策，而该决策的实施显然仅对其个人有好处，并非为公司的经营和发展着想，或者该决策的实施直接损害了中、小股东的利益。我国《公司法》第20条规定，公司股东应当遵守法律、行政法规和公司章程，依法行使股东权利，不得滥用股东权利损害公司或者其他股东利益；不得滥用公司法人独立地位和股东有限责任损害公司债权人的利益。公司股东滥用股东权利给公司或者其他股东造成损失的，应当依法承担赔偿责任。关于何谓“滥用”权利，我国《公司法》没有作出进一步的解释，实务中可以从以下几个特征予以把握：第一，其行使权利在形式上是合法的，例如，在股东会中行使表决权，依据公司章程的特别授权行使权利等，但是，其行使该权利的目的已经背离了法律或者公司章程赋予其权利的目的。《公司法》赋予股东在股东会上行使表决权，其目的是让股东参与公司的经营管理和利润分配，而公司章程赋予股东特殊权利的目的一般是让股东有管理公司的特权，因此股东行使表决权或者管理权应当为公司的目的，或者为股东的正当利益，而不是为其自己谋求特殊利益。第二，股东行使该权利使其自己或者关联公司获益。例如，公司大股东利用表决权的绝对控制，以股东会决议的形式决定将公司利益或者商业机会转移给关联公司，发生不公平交易；将公司赖以生存的主要业务或者优益资产转让给关联公司等，损害公司利益；以增资和引进战略投资股东或者与关联公司合并等方式稀释中、小股东股权等等，直接损害中、小股东利益。第三，实际发生了公司或者中、小股东利益受损的后果。

（三）规定表决回避、一致意见表决或者竞业禁止制度

建立关联公司及与关联公司发生交易，有可能损害中、小股东或者关联关系外部股东利益，即与关联公司中的关联关系无利益关系的公司其他股东利益，因此法律设定了表决回避制度，凡是涉及关联交易、关联关系的事项，与

该事项有关联关系的股东或者董事不得参与表决。我国《公司法》第124条规定："上市公司董事与董事会会议决议事项所涉及的企业有关联关系的，不得对该项决议行使表决权，也不得代理其他董事行使表决权。该董事会会议由过半数的无关联关系董事出席即可举行，董事会会议所作决议须经无关联关系董事过半数通过。出席董事会的无关联关系董事人数不足三人的，应将该事项提交上市公司股东大会审议。"

一致意见表决，是指凡涉及关联关系的事项，采取一致意见表决的方式通过决议，放弃多数意见形成决议的决议方式。一致意见表决一般写进公司章程中，以防止利用关联关系损害中、小股东或者关联关系外部股东利益。一致意见表决在股东人数比较少的有限责任公司或者非上市的股份公司中比较容易做到，全体股东均参加会议并实施表决。在股东人数比较多的股份公司，尤其是上市公司，要求全体股东参加会议进行表决及形成一致的同意意见，几乎不可能。

对股东的竞业禁止一般写进公司章程中，作为股东共同遵守的制度予以明确，这样对股东建立关联公司及发生关联交易起到一定的预防作用。对董事的竞业禁止一般在公司法中就有明确规定。例如，我国《公司法》第148条第5项规定，未经股东会或者股东大会同意，董事不得利用职务便利为自己或者他人谋取属于公司的商业机会，自营或者为他人经营与所任职公司同类的业务。对董事的竞业禁止，也可以在公司章程中规定或者在聘用董事的合同中作出特殊约定。

（四）规定损失补偿及股权回购制度

鉴于关联公司的整体安排有可能危害未参与关联关系的中、小股东利益，公司法律制度有关于损失补偿及股权回购的制度安排。关联公司在发生关联交易时，应当考虑对中、小股东及关联公司外部股东利益做适当补偿或者允许中、小股东退出公司，收购中、小股东股权。当然这种安排应当在关联交易发生时协商确定，如果不能协商确定，因关联交易损害公司利益的，股东可以主张控制公司或者相关负责人向公司赔偿，直接损害中、小股东利益的，中、小股东也可以主张控制公司或者相关负责人向中、小股东作出赔偿。

（五）规定中、小股的直接诉权和代表诉讼权

关联公司的中、小股东未参与关联关系，在关联公司发生关联交易或者建立关联公司的过程中，其自身权益受到侵害的，可以直接提起诉讼。例如，通

过虚假增资或者公司分立、合并等方式排挤中、小股东，稀释中、小股东股权等等，中、小股东可以直接行使诉权，主张相应的行为无效。当关联交易直接损害公司利益时，中、小股东可以提起股东代表诉讼，替公司主张权益，间接维护自身利益。再如，公司向其他关联公司转移利润、优质资产，与关联公司发生关联交易，价格明显偏离市场价格等等，中、小股东可以行使诉权，有机会阻止公司的不当行为或者请求相关责任人对公司的损失或者利益予以赔偿。

四、关联公司制度对被控制公司利益的保护

在关联公司关系中，控制公司往往操纵关联公司整体，挪用被控制公司资源、转移利润、安排被控制公司为不符合常规或者不利益的经营，将被控制公司作为工具，使控制公司或者其他关联公司获利。上述现象在实务中时有发生。为保护被控制公司利益，公司法律制度规定了适当补偿制度，要求控制公司对被控制公司造成的损失进行利益填补，在一定期限内予以补偿。台湾地区“公司法”规定：控制公司直接或者间接使从属公司为不合常规或者其他不利益之经营，而未于会计年度终了时为适当补偿，致从属公司受到损害者，应付赔偿责任。控制公司负责人如使从属公司为前项之经营者，应与控制公司就前项损害负连带赔偿责任。对于控制公司不予补偿的，被控制公司可以提起诉讼，请求补偿。被控制公司因受到控制，往往怠于起诉，公司法律制度设立了股东代表诉讼制度，被控制公司的股东可以自己名义提起诉讼，追索利益归属公司。有些国家还进一步规定在发生控制公司使被控制公司为不符合常规经营或者不利益经营，并且未适当补偿的，债权人也可以自己名义代位被控制公司提起诉讼。台湾地区“公司法”作出这种规定，并且规定债权人行使代位权不受债权额多少及清偿期限长短的限制，每一债权人均可以单独行使诉权。台湾地区“公司法”的该规定涉及债权人的诉讼权利要比股东的诉讼权利宽泛得多，股东行使该项诉权利至少要受持股数额、时间等限制。我国《公司法》目前对该项制度并未涉及。

案例分析

自然人股东张某与李某、华懋公司共同出资设立了两家房地产公司，一家为金鑫公司，另一家为银地公司，张某在两家公司的出资均超过公司注册资本金的一半以上，分别为两家公司的控股股东。张某以金鑫公司名义向政府主管部门提交申请，拟取得某市代开发土地使用权，负责某市经济开发区的建设项目，某市相关行政主管机关研究同意并予以批准。由于资金不足，金鑫公司股东会决议决定引进战略者投资，由张某让出10%的股份给新加入公司的战略投资人，新股东取得股权，需支付4000万元，该笔资金用于金鑫公司缴纳土地使用权出让金和前期的拆迁补偿费用等。经介绍日盛公司愿意以战略投资者的身份加入金鑫公司，并同意分期向金鑫公司投资4000万元。合同签订后日盛公司向金鑫公司缴纳第一期款项1000万元并取得该公司股东地位，此后没有再按约定向金鑫公司投入剩余的3000万元。金鑫公司原股东对日盛公司不满，张某遂以金鑫公司名义向政府主管部门提出申请，请求将获得批准的土地项目移交给银地公司开发经营。政府主管部门同意金鑫公司开发土地，但尚未签订土地使用权出让合同，由于金鑫公司和银地公司的股东大部分都是相同的，政府相关主管部门同意了金鑫公司的请求，与银地公司签订了土地使用权出让合同。银地公司缴纳土地使用权出让金后依法取得了该宗地块的土地使用权，并开始开发建设相关项目。日盛公司投入金鑫公司的1000万元资金实际用于支付该宗地块的拆迁补偿款。金鑫公司除拟取得涉案的土地使用权和相关开发项目外，没有其他资产和经营活动，为此，日盛公司投资愿望落空，遂以大股东张某利用其在公司的控制地位将金鑫公司可以获得的项目权益及资产转移到其控制的银地公司，且银地公司实际使用了其投入到金鑫公司的款项，金鑫公司与银地公司为关联公司为由，以张某、金鑫公司及银地公司为被告，请求解除股权转让合同，由张某、金鑫公司和银地公司共同返还其投入的款项1000万元及占用资金期间的利息。

该案中张某的抗辩理由是：第一，转移土地使用权及相关项目是金鑫公司行为，经政府相关主管部门批准的，与其个人无关；第二，其与日盛公司之间的股权转让合同已经履行完毕，不同意解除股权转让合同；第三，即使解除股权转让合同，因合同约定的股权转让款是支付给金鑫公司的，张某为挽救金鑫公司放弃个人股权，其未从中获得对价，不负有退还股权转让款的义务。

银地公司的抗辩理由是：其与日盛公司没有合同或者其他法律关系，其获得土地使用权已经向政府相关主管部门支付土地使用权出让金。至于其获得土地使用权之前金鑫公司支付的拆迁补偿款，系金鑫公司与拆迁户之间履行拆迁合同，是金鑫公司误认为其可以实现对地段的开发而自行自愿拆迁行为，与银地公司无关。日盛公司请求返还受让张新的金鑫公司股权转让款与其无关，不承担返还义务。

该案中，张某在金鑫公司和银地公司均有投资，并且在两家公司中占有控制地位，金鑫公司和银地公司构成关联公司。日盛公司签订受让金鑫公司股权合同的目的是金鑫公司即将取得土地使用权及开发项目的资产，金鑫公司开发经营该项目后其股权升值，股东获取利润。但金鑫公司未取得项目且其除此以外亦并无其他经营资产，在其他股东均放弃经营的情形下，金鑫公司的股权价值与日盛公司投资的预期目的存在显著差距。张某为金鑫公司大股东并实际控制该公司，其让渡股权给日盛公司的目的非常明确，获得日盛公司的资金，日盛公司加入金鑫公司的目的为该公司的土地使用权及项目等。张某关于土地使用权及项目的安排改变了日盛公司受让股权的预期，日盛公司关于解除其间股权转让合同的请求应当获得支持，金鑫公司因张某与日盛公司之间的股权转让法律关系获得的1000万元款项应予以退回。

金鑫公司和银地公司虽然取得了法律上的独立地位，但张某作为两家公司的控股股东，实际操纵了土地使用权及项目和资金的转移，两家公司构成关联公司关系。张某在股权转让合同中虽未直接获得股权对价，但其安排银地公司获得利益及资产，其在银地公司的股权升值，关于引进战略投资及将资金和土地使用权等从金鑫公司转移到银地公司，张某的利益始终得到保障，且银地公司未支付对价即获得资产，张某的股权也直接升值，张某关于未获得对价的主张难以成立。张某利用在两家公司的控制地位使自己受益，侵害了金鑫公司其他股东的合法权益，对该损失应负有赔偿责任。根据《公司法》第20条的规定，公司股东应当遵守法律、行政法规和公司章程，依法行使股东权利，不得滥用股东权利损害公司或者其他股东的利益；不得滥用公司法人独立地位和股东有限责任损害公司债权人的利益。公司股东滥用股东权利给公司或者其他股东造成损失的，应当依法承担赔偿责任。张某滥用股东权利导致日盛公司的投资目的落空，对日盛公司因此受到的损失，应当予以赔偿。

张某为金鑫公司和银地公司的控股公司，在张某的安排下银地公司获得原本应属于金鑫公司的土地使用权及资产，虽然银地公司与日盛公司没有直接合同关系，但其获得的土地资产上附着了日盛公司投入的1000万元款项，其作为同受张某控制的关联公司，应对关联公司的债务承担一体责任，银地公司对通过关联公司的安排在未支付任何对价的情况下获得的不当利益应当予以返还，即对金鑫公司应返还的涉案款项承担连带责任。

综上分析，日盛公司以当事人之间存在关联公司关系为由请求各关联方返还其资金的请求成立，依法应获得支持。

[新类型疑难案例选评]

中国人寿保险股份有限公司盐城市盐都支公司与还某玉、朱某、朱某、周某淦保险合同纠纷案

潘　虹*

[裁判要旨]

根据《保险法》第45条的规定，被保险人故意犯罪或者抗拒依法采取的刑事强制措施导致其伤残或者死亡的，保险人不承担给付保险金的责任。无证醉酒驾驶无牌照机动车不符合法定的保险人免责情形，不应适用《保险法》第45条的规定。

[基本案情]

抗诉机关：江苏省盐城市人民检察院。

申请再审人（原审被告）：中国人寿保险股份有限公司盐城市盐都支公司（以下简称人寿保险盐都公司）。

被申请人（原审原告）中：还某玉。

被申请人（原审原告）：周某淦（系还某玉之儿媳）。

被申请人（原审原告）：朱某（系还某玉之孙）。

* 盐城市中级人民法院审判监督庭法官。

被申请人（原审原告）：朱某（系还某玉之孙女）。

投保人（被保险人）朱某生系还某玉的儿子，周某淦的丈夫，朱某、朱某的父亲。2009 年 1 月 15 日，朱某生作为投保人和被保险人在人寿保险盐都公司投保了康宁终身险。合同约定的主要内容为，保险金额为 1 万元，标准保费为 1760 元。保险条款第 5 条第 2 款约定，被保险人身故，保险人按保险金额的 3 倍给付身故保险金。被保险人朱某生并未在《个人保险投保单》上实际签名，其签名栏中出现的“朱某生”字样，系保险代理人陶某芝代签。保险合同签订后，投保人按约交付了保费。

2011 年 6 月 27 日 21 时左右，被保险人朱某生无证醉酒驾驶无牌三轮摩托车，在山西省洪洞县境内 108 国道“876KM + 300M”处与他方拖拉机相撞发生交通事故，致自身死亡。朱某生死亡后，还某玉等要求人寿保险盐都公司给付 3 万元的身故保险金未果，于 2011 年 12 月 29 日诉至法院。

人寿保险盐都公司在原审时认为：被保险人朱某生在其公司投保康宁终身险是事实，但保险条款第 6 条约定的责任免除条款中已载明：“被保险人酒后驾车，无合法有效驾驶证驾驶，或驾驶无有效行驶证的机动车，保险人不承担保险责任。”且本案中被保险人朱某生是醉酒后驾驶无牌三轮摩托车导致交通事故死亡的，故依照合同的约定，其不承担赔偿责任。请求法院驳回原审原告的诉讼请求。

原审判决生效后，盐城市人民检察院抗诉认为，被保险人朱某生无驾驶证、醉酒后、驾驶无牌号三轮摩托车发生交通事故死亡，属法定的免责条款。保险公司不应承担保险责任。

[审理情况]

盐城市亭湖区人民法院原审经审理认为：人寿保险盐都公司抗辩被保险人朱某生是醉酒后驾驶无牌三轮摩托车导致交通事故的，依照保险合同约定，不承担赔偿责任问题。但人寿保险盐都公司未提供证据证明就该条款已向投保人履行明确说明义务，故该条款不产生效力，进而人寿保险盐都公司不能免责。判决：人寿保险盐都公司于本判决生效之日起 10 日内给付还某玉、周某淦、朱某、朱某人身保险金 3 万元；案件受理费 550 元，因适用简易程序审理依法减半收取 275 元，由被告人寿保险盐都公司负担。

检察机关抗诉后，亭湖区人民法院再审认为，人寿保险盐都公司提供的《个人保险投保单》中的被保险人朱某生并未在该投保单上签名，人寿保险盐都公司对免责条款未履行告知义务，故原审判决并无不当，遂予以维持原判。

再审上诉后，盐城市中级人民法院认为，朱某生与人寿保险盐都公司签订的保险合同不违反法律规定，为有效合同。但该合同中签名栏“朱某生”字样系保险代理人陶某芝代签，陶某芝为人寿保险盐都公司业务员，故保险合同中的免责条款依法不产生效力。朱某生虽无证醉酒驾驶机动车，但该行为未经人民法院审理判决，依法不能确定有罪，现朱某生死亡，依法也不应推定有罪，故朱某生该行为发生的保险事故不符合法定的保险人免责情形。据此，维持原判。

［评析］

《保险法》第45条的理解与适用

本案法检双方争议的主要焦点为醉酒、无证、驾驶无牌号三轮车是否属于保险人的法定免责条款？即本案是否适用《保险法》第45条。《保险法》第45条规定：“因被保险人故意犯罪或者抗拒依法采取的刑事强制措施导致其伤残或者死亡的，保险人不承担给付保险金的责任。”

一、对于《保险法》第45条的理解

《保险法》第45条的立法精神为保险法的公共政策：即被保险人一般不能从自己犯罪行为的后果中得到补偿。对于此公共政策，理论界也存在不同的观点：一种观点认为，通过该条款可以“惩罚或者威慑”被保险人的故意犯罪行为；也可避免保险制度成为“助长或者鼓励”被保险人故意犯罪的诱因。如果被保险人因自身故意犯罪致死或致残，仍责令保险人须给付保险金之责，那么被保险人“侥幸犯罪成功时，固可逍遥法外，享受犯罪之成果，不幸犯罪失败时，亦可凭其保险金照顾家属，免其后顾之忧。如痴犯罪利多害少之现象，恐有助长犯罪之虞”。①

另一种观点则对此公共政策提出了质疑，认为该政策虽有助于维护社

① 参见林群弼：《保险法论》，台湾地区三民书局2006年版，第588页。

会安宁及善良风俗等公益，但却损害了无辜的受益人之保险金请求权等私益，违背了“刑罚及于己身，罪不及他人”之法律原则，进而有“株连九族”之嫌；因而应当破除在人寿保险领域内故意犯罪致死“不可保”之“迷思”，应在公益与私益之间寻求平衡，以充分发挥人寿保险制度之良善功能。①

该条的立法渊源虽然受到了一定冲击，但在现行法律框架下，仍应对其进行第一种理解。《保险法》的两次修改均保留了该条规定，由此可见立法者的观点和倾向。保险制度的目的是为了分担风险，增强公众承担意外事故的能力，但应以违法犯罪行为为例外，这是保险人的法定免责条款，不需要保险人的特别说明。在司法实践中仍应贯彻执行这一原则，一旦能确认被保险人是因自身的故意犯罪行为而死亡的，则保险人的保险责任应当依法免除。

二、对于《保险法》第45条的适用

对于该条款的理解并不难，难就难在具体案件的适用上，由于目前对于该条中的“故意犯罪”如何认定既无立法解释，也无司法解释，造成实践中存在很多争议。

第一种观点认为，按照罪刑法定的原则，任何人未经法院审理和判决，都不能确认其有罪。而《刑事诉讼法》第15条第5项规定，犯罪嫌疑人、被告人死亡的，不追究刑事责任。据此，本案中朱某生已经死亡，对于其前期的醉酒、无证、驾驶无牌号三轮车行为没有经过法院认定有罪，故不能适用《保险法》第45条。但这种观点将直接导致在被保险人死亡的情形下，即无法适用该条款的规定。

第二种观点认为，《保险法》规定的以及双方在合同中约定的保险人不承担给付保险金责任的被保险人故意犯罪，应当是指人民法院在审理保险合同纠纷案件中，根据被保险人实施行为的性质、具体情节等主客观状态所作的综合认定，而不是仅限于人民法院按照刑事审判程序所作的有罪判决。②

具体结合本案，应对朱某生的行

---

① 参见樊启荣：《在公益与私益之间寻求平衡——〈中华人民共和国保险法〉第45条规定之反思与重构》，载中国民商法律网，http://www.civillaw.com.cn/Article/default.asp?id=53161。

② 参见《孙昌文诉中国人寿保险股份有限公司重庆分公司人身保险合同纠纷再审案》，载《人民法院案例选》2011年第2辑，人民法院出版社2011年版。

为进行综合判断。他主要有三种行为：分别为醉酒、无证、驾驶无牌照机动车。根据《道路交通安全法》第8条、第19条的规定，驾驶无牌照机动车和无驾驶证属于一般违法行为，应当分别根据《道路交通安全法》第95条、第99条第1项追究责任，明显不属于故意犯罪情形。

关键争议的是醉酒行为是否一定构成故意犯罪？在保险案件审理过程中如何判断？

2011年5月1日实施的《刑法修正案（八）》中增加了危险驾驶罪，即："在刑法第一百三十三条后增加一条，作为第一百三十三条之一：'在道路上驾驶机动车追逐竞驶，情节恶劣的，或者在道路上醉酒驾驶机动车的，处拘役，并处罚金。'"《道路交通安全法》第91条第5款规定，饮酒后或者醉酒驾驶机动车发生重大交通事故，构成犯罪的，依法追究刑事责任，并由公安机关交通管理部门吊销机动车驾驶证，终生不得重新取得机动车驾驶证。这是保险公司在该案中主张免责的主要依据。

在实践审判中，醉酒驾驶汽车的，一般应当定罪处罚，对于具有醉酒程度较低，犯罪情节轻微、认罪悔罪态度较好，被害人谅解等情形的，可以从宽处罚。判断行为人的醉驾行为是否已经足以危害公共安全以认定其是否构成危险驾驶罪。[①] 故此，对于醉酒行为不能一律而论，并非只要存在醉驾，就一定构成危险驾驶罪。据此在保险案件的审理过程中，仅以醉酒这一单独情形认定其构成故意犯罪，依据不足，应当不适用《保险法》第45条。

该两种观点虽然结果一致，但原因并不一样，笔者赞同第二种观点。对于《保险法》第45条中"故意犯罪"的认定应当在保险案件审理过程中，从被保险人实施行为的性质、具体情节等情形进行综合认定，而不应以法院刑事案件的审判结果为依据。

① 参见《江苏省高级人民法院关于办理醉酒驾驶案件的座谈会纪要》（苏高法〔2013〕328号）。

深圳市南山交通运输有限公司申请执行监督案

欧宏伟*

［裁判要旨］

被执行人系中外合资经营企业，法院在考量是否以“公司股东增资不实”为由追加股东作为被执行人时，应当就验资机构是否出具相应的增资证明报告、增资是否经过有权审批机关的审批等基础事实予以核实。同时，鉴于追加公司股东作为被执行人对公司债权人承担补充清偿责任或连带清偿责任，对被申请追加的股东之实体权益影响甚具。申请执行人如主张追加公司股东作为被执行人，就应当对股东存在虚假出资或抽逃出资的违法情形承担举证责任，而不能仅仅根据对工商部门发布的工商资料产生合理信赖为由主张追加。

［基本案情］

广东省东盈工贸发展有限公司（以下简称东盈公司）与文某联、深圳市波涛制衣有限公司（以下简称波涛公司）加工承揽合同纠纷一案，广东省高级人民法院（1997）粤法经一上字第331号民事判决书已发生法律效力。因文某联、波涛公司未履行生效判决确定的义务，东盈公司向深圳市中级人民法院（以下简称深圳中院）申请强制执行。深圳中院依法受理，案号为（1998）深中法执字第020号。

* 深圳市中级人民法院执行局监督处法官。

1997年12月8日，东盈公司向深圳中院申请追加深圳市南山交通运输有限公司（以下简称南山交通公司）及四川省蓬溪县织绸厂（以下简称蓬溪织绸厂）作为本案被执行人，理由为：波涛公司已停产关闭近二年。根据深圳市工商局核准的《合资经营深圳波涛制衣有限公司合同书》及《深圳波涛制衣有限公司〈补充合同〉》《补充章程书》，波涛公司的注册资本为人民币700万元，其股东南山交通公司应缴注册资本为20%，即人民币140万元。但根据波涛公司验资报告，南山交通公司实缴资本为人民币30万元，尚欠应缴注册资本人民币110万元。波涛公司另一股东蓬溪织绸厂应认缴注册资本为45%，即人民币315万元，其实际投入1858068.18元，用以购买深圳南山区第四工业区4栋8楼厂房，尚欠缴注册资本为1291931.14元。

1998年12月8日，深圳中院作出（1998）深中法执字第9－020号民事裁定书，以“波涛公司现有资产不足以清偿债务，其开办单位蓬溪织绸厂、南山交通公司没有对其投足注册资金，应在欠付注册资金范围内清偿波涛公司对外所欠债务”为由，依照《民事诉讼法》（1991年，编者注）第140条第1款第11项及《最高人民法院关于人民法院执行工作若干问题的规定（试行）》（以下简称《执行规定》）第80条、第83条之规定，裁定本案由波涛公司承担的债务，由蓬溪织绸厂在未投足的注册资金人民币315万元及相应利息金额内承担清偿责任；由南山交通公司在未投足的注册资金人民币110万元及相应利息金额内承担清偿责任。

2007年11月26日，广东省高级人民法院作出（2007）粤高法执指字第1508号指定执行决定书，将本案指定由阳东县人民法院执行。2010年6月2日，广东省高级人民法院作出（2010）粤高法执指字第820号指定执行决定书，将本案重新指定由深圳中院执行。

2011年7月6日，南山交通公司向深圳中院提出执行监督申请，请求撤销（1998）深中法执字第9－020号民事裁定书，深圳中院依法受理。

[查明事实]

1991年8月8日，南山交通公司作为甲方，香港嘉华绳带织造公司（以下简称嘉华公司）作为乙方，双方在深圳签订了《合资经营深圳波涛制衣有限公司合同书》《合资经营深圳波涛制衣有限公司章程》，约定注资成立波涛公司。波涛公司的投资总额及注册资本均为人民币150万元。其中，南山交通公司以现金30万元出资，占注册资本20%；嘉华公司以现金120万元出资，占注册资本80%。

深圳中庆会计师事务所出具的庆财审资〔1993〕第57号《关于深圳市波涛制衣有限公司的验资报告》显示："截止1992年12月30日，波涛公司合营各方均已按照合营合同规定足额缴付出资额计人民币150万元。其中，合营甲方（即南山交通公司）缴付出资额人民币300000元，已缴付足额；合营乙方（即嘉华公司）缴付出资额折合人民币75110.40元，已缴付足额，溢缴110.40元；合营丙方（即香港TECN公司）缴付出资额折合人民币1147012元，已缴付足额，溢缴22012元。"

1995年8月16日，波涛公司向原深圳市工商局提交《深圳市外商投资企业法人变更登记申请表》，申请办理"增加注册资本""增加投资股东"事项，包括：投资总额、注册资本由"人民币150万元"变更为"人民币700万元"；股东及注册资本比例由"甲方南山交通公司、乙方嘉华公司、丙方香港TECN公司"变更为"甲方南山交通公司20%、乙方嘉华公司5%、香港TECN公司30%、蓬溪织绸厂45%"。

1995年9月15日，深圳市工商局作出《企业变更通知书》，核准波涛公司的投资总额、注册资本由人民币150万元变更为700万元；投资中方由南山交通公司变更为南山交通公司、蓬溪织绸厂；投资中方的投资比例及认缴资本由20%、30万元变更为65%、455万元。

1995年10月10日，申请执行人东盈公司与被执行人波涛公司签订《出口服装合同》，后因波涛公司未依约履行合同义务，遂引发本案纠纷。

1998年2月20日，深圳市工商局出具的波涛公司工商注册登记资料显示：波涛公司的投资总额、注册资本为人民币700万元；公司投资中方系南山交通公司、蓬溪织绸厂，占出资比例65%；公司投资外方系嘉华公司、香港TECN公司，占出资比例35%。该工商资料的附注载明："本资料仅供参考，不得作为经营凭证。"

1999年4月7日，深圳市工商局作出深工商决〔1999〕2号行政决定书，以"当事人（波涛公司）于1995年5月申请股东变更登记时，私刻股东南山交通公司和蓬溪织绸厂的公章（已经市公安局鉴定），伪造《补充章程书》和

《董事会决议》及董事签名，欺骗公司登记机关，办理了增加股东蓬溪织绸厂的变更登记。以上事实属于《中华人民共和国公司法》第二百零六条所列的提交虚假证明文件的违法行为”为由，决定撤销波涛公司1995年9月15日的变更登记，恢复原登记事项。

2011年9月26日，深圳中院致函深圳市市场监督管理局（以下简称深圳市监局），请其对深工商决〔1999〕2号行政决定书的具体内容予以明确。2011年11月22日，深圳市监局函复本院：“一、深工商决〔1999〕2号行政决定书撤销当事人1995年9月的变更登记是撤销该公司此次变更登记的全部内容，该公司的登记状态恢复到此次变更登记前的状态。该撤销包括该次登记的一切变更，关于企业投资总额、注册资本的变更也是予以撤销的。二、波涛公司1991年设立时的投资总额和注册资本均为人民币150万元，目前注册资本、投资总额仍为人民币150万元。”

2012年2月17日，深圳中院再次致函深圳市监局，请其对波涛公司股东是否足额缴付出资等问题予以明确。2012年2月23日，深圳市监局函复本院：“波涛公司的股东有三个，分别为南山交通公司、嘉华公司、TECN公司，南山交通公司出资人民币30万元，出资比例20%，嘉华公司出资人民币7.5万元，出资比例5%，TECN公司出资人民币122.5万元，出资比例75%，上述各股东均已出资到位。波涛公司目前的注册登记信息显示，该公司注册资本、投资总额、实收资本均为人民币150万元，股东南山交通公司出资人民币30万元，占20%份额，嘉华公司出资人民币7.5万元，占5%份额，TECN公司出资人民币122.5万元，占75%份额。”

［审查结果］

深圳中院认为：本院（1998）深中法执字第9－020号民事裁定书所依据的事实是波涛公司的投资总额、注册资本及股东在1995年9月15日进行的变更登记，现因深圳市工商局已于1999年4月7日作出深工商决〔1999〕2号行政决定书，撤销了波涛公司该次变更登记的全部内容，包括投资总额、注册资本的变更登记，波涛公司的登记状态恢复到该次变更登记前的状态。即波涛公司的注册资本、投资总额、实收资本均为人民币150万元，该公司的股东分别为南山交通公司、嘉华公司、TECN公司，其中南山交通公司出资人民币30万元，占20%份额，嘉华公司出资人民币7.5万元，占5%份额，TECN公司出资人民币122.5万元，占75%份额。深圳市监局确认上述各股东均已出资到位。南山交通公司不存在未足额缴付注册资本的情形，蓬溪织绸厂也不是波涛公司的股东，本院（1998）深中法执字第9－020号民事裁定书所依据的事实不存在，裁定撤销深圳中院（1998）深中法执字第9－020号民事裁定书。

［评析］

执行程序中公司股东出资不实、增资不实的审查判断

本案是执行实践中追加公司股东作为被执行人的典型个案，翔实反映了执行程序中以“注资不实”为由追加公司股东作为被执行人的处理过程，由此引申出对执行程序中追加公司股东作为被执行人对公司债权人承担清偿责任相关一系列法律问题的思考。

一、追加公司股东作为被执行人的法理基础

公司独立人格与股东有限责任是现代公司制度的两大基石，公司享有独立人格并据此承担独立责任，股东足额出资后，将仅以出资额为限对公司债务承担有限责任，无需担心公司债权人的无限追索。承认公司独立人格、赋予股东承担有限责任的前提在于公司资本充足。因为如果股东出资不实或抽逃出资，则势必严重削弱公司的偿债能力，损害公司债权人的合法利益，进而危及市场交易的正常流转与信用安全。在这种情况下，出资不实或抽逃出资的股东将失去“有限责任”的庇护，转而应当对公司的债务承担相应责任。

出资不实的股东应当如何就公司所负债务对公司债权人承担责任，不仅是民商事审判中需要面对的问题，也是执行实践中必需面对的问题。理由在于，公司债权人当然可以依照公司法的有关规定，通过提起审判程序要求判令公司股东作为共同被告对公司债权人承担责任，但假如公司股东在审理程序中未被追列为被告，或者进入执行程序后公司债权人才发现存在股东注资不实或抽逃出资的情形，则公司债权人可以向执行机构提出追加股东作为被执行人的申请。

从程序法角度而言，追加被执行人作为民事执行主体追加的一部分内容，[①] 关于其法理依据历来有两种学说：一是既判力主观范围扩张说，[②] 二是执行力相对性有限扩张说。[③] 目前，执行力扩张理论渐趋为实务界与理论界的通说观点。该说认为，执行力在主观上本应仅仅及于执行名义所确定的案件当事人，一般不及于未参与诉讼程序中来并获得程序保障（答辩权、辩论权及质证权）的案外第三人，除非有法定情形否则不得在执行过程中改变义务承受者的范围。但是，如果严格坚持执行力的相对性，则在诉讼系属后权利义务人发生变更、系争标的物脱离当事人占有等情形下，因无法对第三人予以强制执行，则生效法律文书所确定的内容将无法获得有效实现，其效力将受到严重削弱，而且可能造成既已发生既判力的法律关系因为当事人重复诉讼而再掀波澜，从而既增重当事人的诉累，亦不利于尽速稳定法律关系。[④]

从实体法角度而言，股东按时足额向公司缴纳出资是其最重要的义务，公司享有要求股东足额缴纳出资的权利。在股东不履行或不完全履行出资义务时，公司有权要求其补足出资。在公司怠于行使或无法有效行使这一追索权的情况下，公司的债权人完全可以向人民法院申请代位公司向股东主张该项权利。该主张体现在执行程序中，便是要求追加出资不实或抽逃出资的股东为被执行人，股东在相应范围内向债权人履行了义务后，便视为股东对公司所承担的补足出资义务归于消灭。这种一体把握的处理模式，既有利于高效实现债权人的权利，还可省去债权人重复对第三人提起诉讼以取得新的执行名义的讼累。[⑤]

二、对本案执行追加与监督审查的评析

首先，如何看待本案申请执行人

① 从广义上讲，民事执行主体的变更、追加除了变更、追加被执行人外，还包括变更申请执行人。

② 参见黄金龙：《关于人民法院执行工作若干问题的规定实用解析》，中国法制出版社2000年版，第228～229页；李浩主编：《强制执行法》，厦门大学出版社2004年版，第164页。

③ 参见金殿军：《执行当事人变更制度研析——以执行依据、既判力和执行力的辨析为基础》，载《强制执行指导与参考》总第16辑，法律出版社2006年版；陈桂明、范向阳：《论不动产执行程序中执行力的扩张——兼谈执行法作为程序法对实体法的回应和干预》，载《执行工作指导》2007年第3辑，人民法院出版社2007年版。

④ 参见常怡、崔婕：《民事强制执行立法研究》，载田平安主编：《民事诉讼程序改革热点问题研究》，中国检察出版社2001年版。

⑤ 参见江必新主编：《民事执行新制度理解与适用》，人民法院出版社2010年版，第73页。

东盈公司在本案中申请追加南山交通公司、蓬溪织绸厂作为被执行人的理由，是入手分析追加裁定与后续监督审查的关键。

从申请人东盈公司的追加理由以及深圳中院（1998）深中法执字第9－020号民事裁定书的认定理由来看，均将《执行规定》第80条作为追加南山交通公司、蓬溪织绸厂为本案被执行人的法律依据。依照该条规定：“被执行人无财产清偿债务，如果其开办单位对其开办时投入的注册资金不实或抽逃注册资金，可以裁定变更或追加其开办单位为被执行人，在注册资金不实或抽逃注册资金的范围内，对申请执行人承担责任。”因此，《执行规定》第80条所处理的是被执行人的开办单位在开办过程中注资不实或完成开办后抽逃资金的情形。而从本案监督程序查明的事实来看，一方面，波涛公司成立时的创始股东即“开办单位”事实上只有两家，分别是南山交通公司与嘉华公司，至于蓬溪织绸厂是在波涛公司增资过程中加入进来成为该公司股东之一的。因此，深圳中院（1998）深中法执字第9－020号民事裁定书将蓬溪织绸厂认定为波涛公司的开办单位，构成了事实认定的错误。另一方面，波涛公司于1991成立时的注册资金就是150万元，只是该公司于1995年申请增资至700万元。东盈公司所依据的验资报告即深圳中庆会计师事务所出具的庆财审资〔1993〕第57号《关于深圳市波涛制衣有限公司的验资报告》，该验资报告所提供参考的事实仅仅涉及南山交通公司在开办波涛公司之时是否足额注资，并不反映也无从反映此后波涛公司增资至700万元南山交通公司有无及时完成相应增资的情况。该验资报告清楚表明，南山交通公司已按照设立波涛公司时的出资比例足额缴付了30万元的注册资金。东盈公司提出的追加理由，事实上指涉的系对应波涛公司增资至700万元后，南山交通公司按照出资比例应相应出资140万元，但该公司仅实缴30万元这一情况而言，该情况如属实，亦应当定性为“增值不实”，而非“注资不实”。因此，深圳中院（1998）深中法执字第9－020号民事裁定书援引《执行规定》第80条，以“南山交通公司开办波涛公司注资不实”为由追加南山交通公司作为被执行人，亦犯了“事实认定”和“法律适用”的错误。

本案所涉及的问题是关于公司设立后增加注册资金，公司股东是否未相应补足出资的问题。就这一问题，可资参照的是最高人民法院执行工作办公室于2003年12月11日给江苏省高级人民法院作出的《关于股东因公司设立后的增资瑕疵应否对公司债权人承担责任问题的复函》(〔2003〕执他字第33号)。根据该复函所确立的处理规则，如果股东出资不实是发生在公司设立之后增资之时，一般要求所执行的债权据以产生的交易必须是在公司增资注册之后发生的。即股东因其增资瑕疵行为仅对公司增资注册之后发生的交易之债权人承担相应的责任，对于公司增资注册之前与之交易所产生的债权，不引起增资瑕疵行为而承担责任。对此，复函给出的理由是："公司设立后增资与公司设立时出资，股东履行交付资产的时间不同，导致交易人对于公司责任能力的预期是不同的。股东出资或增资的责任应与公司债权人基于公司的注册资金对其责任能力产生的判断相对应。"上述复函虽然是针对个案所作的答复，不是司法解释，不具有普遍适用的法律效力，但在目前现行法律、司法解释对于"公司股东因增资瑕疵应否对公司债权人承担责任"此问题欠缺明文规定的情况下，无疑对于各级法院具有重要的参照借鉴意义。

其次，具体到本案执行追加的审查判断，除了上述最高人民法院执行工作办公室的复函外，还要结合波涛公司的法人性质加以考虑。根据查明的事实，波涛公司系由南山交通公司与香港嘉华公司共同设立，公司的性质属于中外合资经营企业。根据1994年《公司登记管理条例》第28条第1款的规定，公司变更注册资本的，应当提交具有法定资格的验资机构出具的验资证明。另据1983年《中外合资经营企业法实施条例》第23条、第24条的规定，合营一方如向第三者转让其全部或部分出资额，须经合营他方同意，并经审批机构批准。合营企业注册资本的增加、转让或以其他方式处置，应由董事会会议通过，并报原审批机构批准，向原登记管理机构办理变更登记手续。结合上述规定，公司变更注册资本，应当经由具有法定资格的验资机构对该次注册资本的变更出具相应的验资证明。如果涉及的是中外合资经营企业，该企业在经营过程中出现合营一方向第三方转让全部或部分出资额或增加注册资本的，还应当经过审批机构的批准。应当讲，这些规定是用于审查判断是否应当追加南山交通公司的重要法律依据。换言之，波涛公司的注册资本是否已由设立时的150万元增资至700万元，应当以具有法定资格的验资机构出具的验资证明为准，并应当有相应审批机构的批准文件。虽然深圳市工商局出具的工商注册登记资料显示波涛公司注册资本为人民币700万元，但鉴于该资料附注已载明“本资料仅供参考，不得作为经营凭证”。因此，上述工商资料仅具有形式上之推定证明力，不能当然由此认定波涛公司的注册资本已变更为700万元。而且，波涛公司作为在深圳市注册成立的中外合资经营企业，如需增加注册资本及股东，依法还应经过审批机构即深圳市人民政府的批准。事实上，在本案执行监督程序中还查明，无论是设立波涛公司，还是波涛公司的创始股东之一的嘉华公司将其名下部分股权转让给香港TECN公司，均履行了报请深圳市人民政府批准的手续。

因此，即便抛开深圳市工商局作出的关于“撤销波涛公司1995年9月15日的变更登记”的深工商决〔1999〕2号行政决定书，以及深圳市监局就“如何理解深工商决〔1999〕2号行政决定书的具体内容”“波涛公司的股东是否已足额投入注册资金”等问题给深圳中院的回复，深圳中院在执行本案过程中，在没有对“波涛公司变更注册资本至人民币700万元”“增列蓬溪织绸厂作为股东”是否得到深圳市人民政府批准、是否取得验资机构就增资事项的验资证明等一系列基础事实予以进一步核实的情况下，仅凭申请执行人提交的关于波涛公司内部增加注册资本、增设股东的《补充合同》《补充章程书》、工商部门的相关注册资料，便得出“波涛公司的注册资本为人民币700万元、蓬溪织绸厂与南山交通公司系波涛公司的开办单位、南山交通公司及蓬溪织绸厂没有对波涛公司投足注册资金”的结论，应当讲这样的认定结论是难以令人信服的。鉴于相关涉及是否应予追加被执行人波涛公司股东的基础事实未予查明，深圳中院通过监督程序撤销该院作出的（1998）深中法执字第9－020号民事裁定书，并无不当。

三、关于申请执行人主张对于深圳工商部门发布的关于波涛公司注册资本、股东信息、出资比例产生合法信赖的问题

申请执行人东盈公司在本案中提出了对工商部门发布的信息所产生的合理信赖应当受到保护的主张，其认为：东盈公司和波涛公司签订《出口服装合同》的时间为1995年10月10日，此时波涛公司经1995年9月15日增加注册资本后的工商登记信息显示其注册资本为700万元，且直至2008年1月波涛公司在工商登记信息中的注册资本仍显示为700万元，故本案应以合同签订以及履行时波涛公司工商登记的注册资本为依据考察各股东是否缴足出资。深圳中院（1998）深中法执字第9－020号民事裁定书依据的事实并不是波涛公司的投资总额、注册资本及股东在1995年9月15日进行的变更登记，而是双方在签订及履行《出口服装合同》时波涛公司工商登记所显示的注册资本700万元以及南山交通公司、蓬溪织绸厂未缴足出资。鉴于公司登记具有公示性，异议人正是基于波涛公司资料所显示的经济实力方与其签订《加工承揽合同》。退一步说，即使波涛公司1995年9月15日的变更登记被深工商决〔1999〕2号行政决定书撤销，异议人也不应承担不利后果。异议人东盈公司作为善意相对方，在与波涛公司订立合同关系时并不知悉是否有人利用非法手段为波涛公司办理变更登记，也不能预计该变更登记日后会被工商部门撤销，故异议人不应当为他人的违法行为而承担不利的后果。南山交通公司作为波涛公司的股东之一，明知有人私刻股东公章进行增资扩股却长期不采取纠错行为，致使波涛公司所谓的虚假注册信息被长期公示并误导异议人，进而诱使异议人与波涛公司从事交易。故南山交通公司也应在出资不实的范围内先赔偿申请执行人的损失，再由波涛公司向私刻公章的人提起侵权损害赔偿诉讼。

笔者以为，东盈公司所主张的“信赖保护”不能构成执行程序中追加被执行人的法定事由。理由如下：

首先，一方面，工商部门关于某公司的工商注册资料系面向全体不特定社会公众发布的信息，该信息具有一定的社会公示效应。一公司记载于工商注册登记资料中的注册资本，反映了该公司的经济实力及相应的责任能力。上述信息确会成为社会公众考虑是否与该公司从事交易并缔结合同的重要考量因素。但另一方面，公司的经营系一动态过程，其实际经营财产并不始终与登载于工商资料中的注册资本相一致。公司的实际经营财产日后既有可能进一步增加，亦有可能趋于减少。该不确定性因素系现代商业社会之常态，亦系潜在之商业风险。东盈公司在与波涛公司缔结合同时，即使波涛公司的工商资料显示其注册资本为人民币700万元，亦不能保证波涛公司在对东盈公司承担民事损害赔偿责任时的责任财产仍为700万元。东盈公司作为从事市场交易的民事主体，对此交易风险理应自知。

其次，鉴于追加公司股东作为被执行人对公司债权人承担补充清偿责任或连带清偿责任，对被申请追加的股东之实体权益影响甚具，因此，东盈公司作为波涛公司的债权人，如主张追加波涛公司的股东作为被执行人，就应当对股东存在虚假出资或抽逃出资的违法情形承担举证责任。本案中，南山交通公司、蓬溪织绸厂作为波涛公司的股东，是否未在工商部门公示的注册资本及出资比例范围内足额出资，东盈公司不能仅仅根据工商部门发布的工商资料作为依据。即使东盈公司对工商部门关于波涛公司的工商资料产生信赖，该信赖本身亦不构成南山交通公司、蓬溪织绸厂应为波涛公司的债务承担责任的法定事由。

需要加以说明的是，深圳工商部门在涉及本案的相关信息的发布工作上确实存在一定的瑕疵。本案监督审查过程中，法院查明：截至2008年1月28日，深圳市监局下属的深圳市工商物价信息中心对外公布的有关波涛公司的工商登记信息仍然显示波涛公司的投资总额、注册资本为人民币700万元。同时，截至2012年2月17日，深圳市监局的官网上公布的波涛公司的注册登记信息却显示波涛公司的注册资本为人民币150万元，实收资本为0元。波涛公司的三个股东，即南山交通公司、嘉华公司、香港TECN公司的出资额均为0元。但是，根据深圳市监局给法院先后出具的两份复函所载明的内容要点表明：（1）深工商决〔1999〕2号行政决定书撤销当事人1995年9月的变更登记是撤销该公司此次变更登记的全部内容，该公司的登记状态恢复到此次变更登记前的状态。该撤销包括该次登记的一切变更，关于企业投资总额、注册资本的变更也是予以撤销的。（2）波涛公司1991年设立时的投资总额和注册资本均为人民币150万元，目前注册资本、投资总额仍为人民币150万元。（3）波涛公司的股东有三个，分别为南山交通公司、嘉华公司、TECN公司，南山交通公司出资人民币30万元，出资比例20%，嘉华公司出资人民币7.5万元，出资比例5%，TECN公司出资人民币122.5万元，出资比例75%，上述各股东均已出资到位。（4）波涛公司目前的注册登记信息显示该公司注册资本、投资总额、实收资本均为人民币150万元。

由此说明，深工商决〔1999〕2号行政决定书虽已在1999年4月7日作出并生效，但深圳市监局并未按照上述行政决定书中有关“撤销当事人1995年9月15日的变更登记，恢复原登记事项”的决定，将波涛公司的注册资本及时变更为原先的人民币150万元，从而出现截至2008年1月28日波涛公司的工商注册资本对外显示仍为人民币700万元的矛盾现象。而截至2012年2月17日，虽然波涛公司的工商注册资本已在深圳市监局官网上变更为人民币150万元，但实收资本却继续显示为“0元”，波涛公司的三家股东的出资额亦显示为“0元”。该对外信息与深圳市监局给法院复函中所陈述的事实也是明显矛盾的。

考虑到这一情况，深圳中院在本案审结后给深圳市监局发出了司法建议，建议深圳市监局一是加强对涉及“企业组织工商注册信息”的维护和监管，当企业组织的注册资本、股东构成、股东出资比例等工商信息出现变动时，应当及时予以变更；二是在作出涉及相关企业组织的行政处理决定且该具体行政行为生效后，应及时更新相关企业组织的工商注册信息，避免造成公众的误认、误判，引发不必要的争议。

另外，关于东盈公司可否以“南山交通公司作为波涛公司股东，对波涛公司的不实工商信息长期不作为，从而误导东盈公司诱使其与波涛公司缔结合同”为由，要求南山交通公司承担相应民事责任的问题。笔者认为，依照合同相对性的原则，与东盈公司签订合同的相对方系波涛公司而非南山交通公司。东盈公司如认为其因受波涛公司不实工商注册信息的误导而与波涛公司签订合同进而遭受损害，可向波涛公司主张缔约过失损害赔偿责任，但东盈公司要求南山交通公司承担民事责任，则已经逾越“合同相对性”的基本法则，故该要求不应得到支持。

四、关于执行程序中追加公司股东的延伸思考

追加公司股东作为被执行人，历来是执行工作中争议最大的焦点问题。最高人民法院于1998年出台的《执行规定》之所以将其列为法定变更、追加事由的主要原因是当时执行工作的迫切需要。[①] 根据最高人民法院执行局权威人士的披露，在《执行规定》出台之前，有关内容已经在国务院、最高人民法院等机关于1998年之前发布的多个文件中有所体现，因此有必要通过司法解释的形

① 参见刘渊恺：《论变更、追加被执行人法律规定对实体法的回应——从执行规定和公司法的冲突说起》，载《执行工作指导》2011年第2辑，人民法院出版社2011年版。

式固定下来。①

从法学理论来看，《执行规定》第80～82条的理论基础，应当是法人人格否认制度（又称“揭开公司法人面纱”），即因资本不足或人格混同引起的对被执行人法人人格的否认。我国《公司法》于1993年颁布，至2005年修订前，一直没有引入法人人格否认制度。期间，最高人民法院于2002年出台的《关于审理与企业改制相关的民事纠纷案件若干问题的规定》试探性地导入了此项制度，但适用十分有限。我国一直拒绝引进这一制度的理由之一是我国公司制度欠发达，引进该制度的时机不成熟。由于诉讼制度的缺失，使得面对滥用公司法人人格逃债的现象在全国极为普遍，迫使我国各级法院的执行部门尝试借用《执行规定》第80、81条来处理上述问题。以此追究股东出资不实责任的执行案例在全国各地都不少，但在提高执行效率、克服执行难的同时亦引发广泛争议。争议的最大焦点即在于执行部门能否未经实体程序审查径行在执行程序中追加公司股东作为被执行人并执行其名下财产，此间的程序保障是否充分？这种做法是否存在“以执代审”的嫌疑？2005年修订《公司法》后，随着公司法人人格否认制度的正式引入，② 上述质疑的声音更趋增强。同时，有学者一针见血地指出：即使我国立法上引入了公司法人人格否认制度，但是毕竟否认公司法人人格始终

---

① 参见黄金龙：《关于人民法院执行工作若干问题的规定实用解析》，中国法制出版社2000年版，第242页。

② 2005年修订的《公司法》第20条规定：“公司股东应当遵守法律、行政法规和公司章程，依法行使股东权利，不得滥用股东权利损害公司或者其他股东的利益；不得滥用公司法人独立地位和股东有限责任损害公司债权人的利益。公司股东滥用股东权利给公司或者其他股东造成损失的，应当依法承担赔偿责任。公司股东滥用公司法人独立地位和股东有限责任，逃避债务，严重损害公司债权人利益的，应当对公司债务承担连带责任。”

2011年《最高人民法院关于适用〈中华人民共和国公司法〉若干问题的规定（三）》第12条规定：“公司成立后，公司、股东或者公司债权人以相关股东的行为符合下列情形之一且损害公司权益为由，请求认定该股东抽逃出资的，人民法院应予支持：（一）将出资款项转入公司账户验资后又转出；（二）通过虚构债权债务关系将其出资转出；（三）制作虚假财务会计报表虚增利润进行分配；（四）利用关联交易将出资转出；（五）其他未经法定程序将出资抽回的行为。”第13条规定：“股东未履行或者未全面履行出资义务，公司或者其他股东请求其向公司依法全面履行出资义务的，人民法院应予支持。公司债权人请求未履行或者未全面履行出资义务的股东在未出资本息范围内对公司债务不能清偿的部分承担补充赔偿责任的，人民法院应予支持；未履行或者未全面履行出资义务的股东已经承担上述责任，其他债权人提出相同请求的，人民法院不予支持。股东在公司设立时未履行或者未全面履行出资义务，依照本条第一款或者第二款提起诉讼的原告，请求公司的发起人与被告股东承担连带责任的，人民法院应予支持；公司的发起人承担责任后，可以向被告股东追偿。股东在公司增资时未履行或者未全面履行出资义务，依照本条第一款或者第二款提起诉讼的原告，请求未尽公司法第一百四十八条第一款规定的义务而使出资未缴足的董事、高级管理人员承担相应责任的，人民法院应予支持；董事、高级管理人员承担责任后，可以向被告股东追偿。”

是作为公司法基石的“股东有限责任”的必要补充，而绝非公司制度运行的常态。公司法人人格否认制度从问世至今，始终不能也不可能撼动公司股东有限责任这一基础性制度。既然我国《公司法》在经过多年争论后才非常审慎地引入这项制度，而《执行规定》中涉及否认公司法人人格的相关规定却又如此笼统，甚者个别法律术语的表述已经不能反映立法及学理上之变迁。① 换言之，现有执行程序的简单、含混适用与《公司法》上关于“公司法人人格否认”的审慎适用完全是背道而驰的。因此，笔者以为，在《公司法》已经明确引入公司法人人格否认制度并初步建立相应诉讼制度的情况下，我国今后的执行程序中恐不宜大范围地启动追加公司股东作为被执行人的程序，除了现行法律、司法解释有明文规定可以在执行程序中径行追加公司股东的情形外，涉及申请追加公司股东作为被执行人的问题，执行员可建议申请执行人通过诉讼程序先行确定公司股东应对公司债权承担赔偿责任，之后申请执行人可根据新的执行名义请求执行机构作出相应的追加裁定。如此做法虽然可能会延缓执行工作的效率，但就维护程序正义这一更为重要的司法价值取向而言，迟来的正义未必非正义。

① “开办单位”这一带有强烈计划经济时代色彩的表述即一典型例子，对应《公司法》上的表述，应是指公司创设股东。

[商事审判调研]

关于涉应收账款质押制度案件法律适用问题的调研报告

重庆市第五中级人民法院民二庭课题组*

2007年制定并实施的《物权法》确立了应收账款质押制度。该制度在拓展融资担保方式、支持中小企业发展、活跃市场经济方面发挥了日益突出的作用；同时也丰富了担保物权的种类和内容，改善了担保制度的法律环境。但由于《物权法》对该制度仅寥寥数条的规定，过于笼统和简陋，在商事活动和司法实务中，对于质押合同成立、生效要件，质权是否实现、实现方式等都存在较大的分歧和探讨空间。因所涉问题纷繁复杂，本报告仅围绕实务中存在的主要问题，运用比较分析、规范分析、系统分析等方法，将应收账款质押制度从“概念——设立——实现”进行系统的解构、分析，以期能实现对立法、司法和商事活动的指导借鉴作用。

一、应收账款质押案件的特点及存在的问题

（一）应收账款质押案件的特点

自《物权法》实施以来，应收账款质押制度作为一项“新兴事物”在丰富担保形式、拓宽中小企业融资渠道、活跃金融市场等方面起到了较明显的作用，但由于该制度立法规定过于单薄、实务领域操作缺乏经验和风险预见能力，在司法实务中也凸显诸多特点和问题。

---

* 课题组成员：王姝、石磊、刘玉姝、熊学庆、王雪飞。

1. 应收账款质押制度以银行适用为主

应收账款质押制度是在银行业的大力推动下设立的，并且在之后的适用中也是以银行等金融机构为主力军。从应收账款质押登记系统的数据来看，2008年，21家全国性银行类金融机构均在登记系统中开展了登记业务，共登记25946笔，占当年登记总量的77%，城市商业银行、村镇银行、农村信用社、城市信用社四类地方性银行类金融机构2008年登记量为2867笔，占当年总登记量的8.5%。[①] 另一方面，体现在诉讼纠纷过程中，作为新法刚刚确立的担保方式，由于受社会接受程度有限、担保权实现本身的周期性以及应收账款质押制度适用的地域性分布等因素影响，本院及辖区法院目前受理该类担保的案件数量并不多，但是均为银行提起的诉讼，也在一定程度上反映了以银行适用为主的特点。

2. 应收账款质押权利的范围不明，内容混杂

从登记系统运行的情况看，在《物权法》实施短短一年多的时间里，质押登记业务涉及的应收账款有贸易产生的货款，提供建筑工程、污水处理等服务的应收款，学校和医院收费权，景区门票收费权，人民币及外币存款账户存款，应收出口退税，理财产品，保险收益以及与政府回购有关的项目收益等，内容五花八门，对于上述登记权利是否都能作为应收账款质押的标的并予以实现，给司法机关的认定带来诸多问题。

3. 应收账款制度设立、实现各环节的问题也较突出

一方面，《物权法》对该制度仅寥寥数条的规定，过于笼统和简陋，使得该制度从设立到实现各环节均无明确法律可依。另一方面，相关规范性法律文件中，涉及的权利类型数量多，而法律层级相当混乱，许多内容还存在着冲突之处，有待进行法律的清理或整理工作。除《物权法》的规定外，《应收账款质押登记办法》作为行政规章，并无《物权法》或者全国人大（包括全国人大常务会）的明确授权，无法作为司法裁判的依据。同时，中国人民银行作为这一制度适用主体的重要管理者，在制定相关规定的时候，不可避免地存在过多倾向银行利息方面的考虑，也使立法的中立、公正和适用性上大打折扣。

---

① 参见李峰：《应收账款担保法律制度研究》，复旦大学2011年博士学位论文，第135页。

4. 从目前司法实践的情况看，进入实体审理并最终实现应收账款质押权利的案件并不多

导致这种情况出现的原因可能有以下三个方面：第一，由于法律规定得较为笼统，落实到司法实践中，作为质权人的原告在履行其举证责任、尤其是对未来应收账款进行举证的过程中，遇到的困难和限制可想而知。第二，权利人在设质之初，极少有仅选择应收账款设质这一种担保的，也就是说，从权利人取得债权之初，应收账款质押也仅是其债权实现的一种、甚至可以说是有些“鸡肋”的辅助担保形式，权利人主要选择的仍然是以实物为担保物的传统抵押、质押或者保证的形式。这不仅是因为举证的困难，更主要的是，在权利的实现上，依赖第三债务人的履行来实现债权明显又多了一层风险。第三，从法院审理的程序角度来说，第三债务人在诉讼中的主体地位、次债务的构成及履行情况、次债务的抗辩权行使等都是该制度下在程序层面还面临争议、尚无统一定论的问题，法院的态度也只能是慎之又慎。

（二）应收账款质押案件存在的法律问题

上述应收账款质押案件体现出的特点，大部分也反映了司法实务中存在的诸多问题。现将问题梳理如下：

1. 应收账款质押的标的认定

（1）应收账款质押的标的内容及范围无明确规定

《物权法》第223条规定债务人或者第三人有权处分的应收账款可以出质，但对应收账款的具体内涵没有予以明确。中国人民银行出台的《应收账款质押登记办法》《应收账款质押登记操作规则》对应收账款作出了解释说明，但暂时未被法律或司法解释所吸收，司法实践中对于上述登记办法和登记操作规则的某些规定还需结合具体案件情况，从理解适用法律的角度进一步探讨、分析。

（2）特殊应收账款质押的标的认定条件模糊

未来应收账款能否作为或是完全无条件地作为应收账款质押的标的而出质？不可否认，未来应收账款本身具有一定的财产性和可转让的特点，与应收账款质押标的的根本属性是一致的。但是未来应收账款除了债权本身对人权、非排他性、无形的特点外，更可能具有不确定、不特定的因素，如若简单通过出质的方式就赋予其排他性、对世权的身份，将对市场经济安全、诚信机制建设造成极大的隐患，其结果也必然是被理性的经济人所束之高阁。同时，在进行通知、登记、实现等要件环节上也存在明显的障碍。另外，根据合同成立的

“三要件”理论，一个不确定、不特定的标的，能否构成合同成立的基础要件，也是不得不进一步思考论证的。

此外，不动产收费权的性质认定和归类因实务先行导致司法的被动，也是摆在法院面前亟待解决的难题。

2. 应收账款质押的设立要件问题

现行《物权法》中诸如登记设立的模式与《合同法》中债权转让的要件不相一致，造成法定的权利还要通过满足《合同法》上的通知义务方能实现，并且该权利义务在形成时间、约束力等方面都凸显不同。这种简单的“拿来主义”式的规定既与英美法系的登记制度不相同，又与我国目前法律制度根植大陆法系的大环境，以及我国目前市场诚信机制、征信制度等缺失的背景格格不入，更加造成该制度的运行不畅。

3. 应收账款质押实现过程中存在的问题

权利的实现是制度设立的出发点和落脚点，也是当事人最为关心的部分。应收账款质押，尤其是在被质押的应收账款的履行期限与主债权履行期不一致时，其实现方式是怎样的？应收账款作为直接指向现金货币的权利，与其他担保物权需通过变现来实现担保物权的情况存在本质的区别。故应收账款质押的实现方式应充分考虑这一特征而设立更直接、便捷的实现方式。同时，为保证制度的严谨完善，还应明确在主债权和被出质债权履行期不同时的处理方式。

二、问题的解决思路及建议

（一）特殊应收账款质押的标的及认定标准

1. 未来应收账款设质的认定标准问题

未来应收账款作为一种特殊形式的债权，不可否认其本身存在一定的价值，甚至在某些具体领域或实务中（如与资金雄厚的大型企业存在长期供货、提供服务等关系而产生的未来应收账款），未来应收账款具有重要的价值和担保能力。支持未来应收账款出质的理由主要集中在尊重商事主体的意思自治、未来应收账款的可转让性和部分国家立法例的导向等三个方面。反对的理由也很掷地有声。未来应收账款因其本身具有不特定、不确定的特性，与传统物权特定的原则存在巨大冲突。同时，因其不确定性导致在通知第三债务人、公示等程序上也存在诸多问题。将一个不确定又不特定的权利广而告之，并获得对抗除权利人以外所有其他人的效力，即不符合公平原则，也是有较大风险的。

我们认为，平衡考虑意思自治和交易秩序与安全，若要通过成为质权标的而赋予应收账款质押以物权的地位，就应该尽量克服其与物权属性不相协调的部分，而将其做与物权属性相适宜的缩小解释。

对于具体区分标准，大多数学者认为应从有无法律基础或事实基础的角度进行区分，将无法律基础的未来应收账款具体分为无法律基础但有事实基础存在的未来应收账款和无法律基础也无事实基础的未来应收账款。但是在分类后的具体归属上分歧较大。

我们认为，应从未来应收账款所欠缺的特定性、确定性的特征出发，以其能否被特定化为认定标准较为合理，并且也具有可操作性。结合日本、[①] 德国、美国[②]等法律和实务中的做法，通过现有的事实基础判断是否在设质之时该未来应收账款已经足够“确定”或者至少是“可鉴别”的。具体来说，考虑以下几个要素：（1）标的物的种类及数量。标的物既是债权合同的核心内容，也是决定应收账款金额的重要因素。故该要素应明确。（2）应收账款金额。作为质押合同的重要组成部分，应收账款金额是决定质押合同设立与否的要件之一；其同时也是质权人和出质人、第三债务人的权利义务的界限。毋庸置疑，应收账款金额成为确认未来应收账款的决定性要素。但需要补充说明的是，此处金额的确定并非一定限制于确定的数额，只要是通过相关的表述内容能够大致指向一定标的物的价值即为确定。（3）时间。由于债权尚未确定成立，一定的时间段或点可以让质权人准确衡量自己权利实现的范围和时间成本。另外，该时间与质押主合同的时间先后还关系到权利实现的方式，故该条件也应为确定未来应收账款的重要因素。此外，关于合同主体这一要素，第三债务人的偿还能力对担保物权的实现有重大的影响，有时可能是决定质权人设质的决定性因素，理应作为可以确定未来债权的必备要素。但考虑到现实交易中，合同主体可能是合同能够确定的最后一个因素，并且，未必所有合同主体均会对质押成立产生绝对影响，故对此因素暂且不做必须要求，待结合全部条件来认定。

---

① 日本学者更为具体地提出未来债权让与应满足四个要素，方可视为充分：发生原因、第三债务人、发生期间、债权金额。参见王闯：《让与担保法律制度研究》，法律出版社2000年版，第215页。

② 《美国统一商法典》第九编要求担保协议的内容应能合理地识别担保物，使交易确定。下列方式均可构成“合理识别”：特别列示、目录、种类（系指第九编已做界定的担保物的种类）、数量、可计算的或可分配的程式以及其他客观的、可以确定的识别担保物的其他方法。参见高圣平：《动产抵押登记制度研究》，中国工商出版社2007年版，第55~56页。

2. 不动产收费权设质的相关问题

涉及不动产收费权出质的问题，我们尚未收集到相关的司法案例。但是其在理论和实务中都争议较大，并且涉及应收账款标的的范围，本文在此稍加评议。在理论界、实务界和立法机关中都不乏支持将不动产收费权作为应收账款质押标的的观点。《最高人民法院关于适用〈中华人民共和国担保法〉若干问题的解释》（以下简称《担保法解释》）第97条根据《担保法》第75条关于“依法可以质押的其他权利”的规定，承认了公路桥梁、隧道及公路渡口等不动产收益权的质押。《物权法（草案）》第六稿中，曾明确列举“公路、桥梁等收费权和应收账款”可以出质，把不动产收费权作为一种平行于应收账款的独立的权利质。中国人民银行的《应收账款质押登记办法》中也明确将其包括在应收账款的概念中。部分学者对此观点也表示支持。

我们认为，不应将不动产收费权纳入应收账款。（1）不动产收费权与应收账款有较大的区别。多数学者认为收费权本质上是一种资格，基于经政府特许的主体对社会公众提供的设施或服务后收取费用，其效力从根本上说是来源于政府的特许，而非权利人与义务人意思自治的结果，与应收账款所依附的合同之债有根本的不同。（2）不动产收费权本身能否出质有待探讨。公路、桥梁等大多数不动产收费权是基于政府特许而产生的，权利人的资格、能否收费、收费期限等都受制于法律法规和政策的影响，是否真正具有可转让性还不能一概而论。例如，《收费公路管理条例》规定了在一定条件或情况下，公路收费权将被要求停止收费、禁止转让的内容。故，此时的收费权仍是质押标的的结论并不妥当。(3）不动产收费权出质无法适用应收账款质押的设立及实现条件。①虽然《物权法》没有对通知第三债务人进行规定，但我们认为通知第三债务人应作为质权设立的成立要件（此点将在后文着重阐述），因对不动产的利用只有在发生之时才能确定其主体，故设立债权之时无法履行通知程序。②不动产收费权质押的实现包括两个方面：一是在收费权质押期限届满时转让剩余年限的收益；二是收费权质押期间的收费收益。前者涉及上述能否转让的问题；后者的处理方式，性质上是提前清偿债务，还是作为质押期间的收益提存，需要进一步明确。实际生活中，对公路、桥梁等不动产设施的使用交费均直接在收费站履行。在不动产收费权出质的情况下，收费站的收费人员仍隶属出质人而非质权人，那么，因使用设施的第三债务人在履行过路缴费义务时的行为性质如何认定？而且收费站在正常运营情况下必要的运行经费的产生不可避免，实务中，该笔经费也是从不动产的收费中支取，如果不动产收费权依应收账款质押的规定设定质权，那么这种支取行为是否构成对质押标的的处分？这可能造成实务操作与法律规定不可避免的冲突，应该重新审视法律规定本身的正确性和可操作性。③《担保法解释》中对公路等不动产收费权已有规定，《物权法》规定应收账款质押的登记机关为中国人民银行征信中心，与《国务院关于收费公路项目贷款担保问题的批复》中规定的地市级以上地方政府的交通主管部门登记的规定相冲突，并且《物权法》也未明确冲突解决机制，导致实务中有些企业为了防范不被认可的风险，只好采取在两个部门分别登记的方式，给当事人增加了更多的麻烦和成本。④除了《应收账款质押登记办法》规定的公路、桥梁、隧道、渡口四种可以出质的收费权外，《物权法（草案）》第五稿第244条规定："债务人或者第三人有权处分的下列权利可以出质：……（六）公路、电网等收费权。"在登记系统中还包括了电网收费权、学校收费权、医院收费权、景区门票收费权等五花八门的种类，这些收费权是否该纳入应收账款的概念中，以及在实务中如何认定和实现权利，恐怕都不是应收账款所能囊括和解决的。

故，我们认为《应收账款质押登记办法》把不动产收费权纳入应收账款范围不仅违背了物权法定原则，而且也是不妥当的，在司法实务中也是不应予以认可的。根据《物权法》第223条的规定，法律、行政法规规定可以出质的其他财产权利也可以作为权利质权的标的出质，故应将收费权的具体类型进行清理，将不可出质的收费权剔除，保留可以出质的收费权，通过法律、行政法规的规定，作为新的权利质权进行规定。

（二）应收账款质押的成立要件问题

1. 对我国现行应收账款质押立法模式的评析

《物权法》第228条规定："以应收账款出质的，当事人应当订立书面合同。质权自信贷征信机构办理出质登记时设立。"上述规定确立了我国应收账款质押"书面合同+登记"的设立模式。这种模式在实践操作中日益呈现出诸多问题和弊端。第一，立法者初衷是通过登记这一先进、便捷、迅速的方式来赋予应收账款质押以公示和公信力，但我国的现实情况是信贷征信系统并不普及，大部分普通民众对该系统并没有准确直观的认识，其在多大程度上起到了公示的作用并不可知。在实践中，也常因部分当事人不清楚登记机关及程序而导致质押的合意无法受到预期的保护。第二，根据《应收账款质押登记办法》的规定，征信中心的职责仅为采取必要的措施维护登记公示系统安全、正常运行，并不对登记的信息进行实质审查，也不对登记的真实性负责。这种登记的可靠性显然无法保证，将导致其公信力基础极其脆弱，很难想象这种事实上极低的公信力与法律规定的登记生效主义相契合。第三，《物权法》并未对第三债务人通知的内容进行规定，不仅不利于质权人全面了解债权的内容、权利瑕疵等权利的真实状况，也将面临在需要通过转让债权的方式实现质权时，与《合同法》债权让与通知的对抗要件相冲突的情况。第四，按照《物权法》的规定，应收账款质押只有在征信机构登记方可设立。一方面，该登记信息应该作为法院认定质权及其内容的主要依据，故需要其极尽的详实和完善。而《应收账款质押登记操作规则》规定“应收账款的描述可以为概括性描述”的表达和立场，本身就违反了立法意图。另一方面，实践中作为出质标的的应收账款可能涉及债务人或第三人的商业秘密，又是当事人意图保密的信息，故两者间产生强烈的利益冲突。所以出质人或第三债务人只能接受这种顾此失彼的结果，而不可两者兼得。从司法实践的情况来看，登记描述模糊、合同不成立及因未通知第三债务人造成应收账款在后续的时间里发生变化甚至消灭，已经成为司法实务中普遍的抗辩理由。故这种模式导致的问题已经达到阻碍该制度适用的程度，重新树立我国应收账款质押的设立模式势在必行。

2. 适合我国司法实践的应收账款质押设立模式的探索

综合上述的分析，我们认为，我国应收账款质押的设立应在借鉴各种模式优点的基础上，建立符合我国国情的设立模式。具体来说：

（1）设立要件

①书面形式要件。根据我国《物权法》的规定，以应收账款出质的，当事人应当订立书面合同。关于“应当”是效力性规范还是管理性规范的问题，我们认为，书面形式基本能够清晰的表达和对外传递双方当事人在订立合同之时真实意思表示的全貌，有利于固定权利内容和范围，并起到很好的证据作用。但同时，正如学者阐释的，“生活实际中，许多重要情形下，无论法律强制与否，当事人都会以书面或其他特定形式来订立合同……对立法者来说，以强行效力规范来支持法定形式就是多余的。”① 故对书面形式应作管理性规范

① 参见王洪：《合同形式研究》，法律出版社2005年版，第36页。转引自张波：《应收账款质押基本问题研究》，西南政法大学2011年硕士学位论文，第24页。

予以倡导，不能因其欠缺而否定合同成立。

②通知第三债务人。我们认为，通知第三债务人应作为质权合同的要件进行规定，并且为设立要件而非对抗要件。理由有三：第一，债权作为一种相对权，其转移的方式即为使原债务人对出质债权丧失原有的控制力，而通知的方式阻断了第三债务人的履行，从而实现对债权的控制；其又与《合同法》债权让与的规定保持一致，防范了法律冲突，保护质权的顺利实现。第二，设质通知也有利于保护质权人和第三债务人的合法权利。一方面，质权人可以通过向第三债务人通知来确认债权的存在、金额以及存在的抗辩和风险。另一方面，第三债务人也可自接到通知后停止向债务人清偿，避免双重偿付之虞。同时，该通知时间还可以作为第三债务人向质权人提出撤销权、抵销权、抗辩权等的时间界点，防止各方在发生争议的时候无法确定责任界限，有效保证交易安全。第三，如果将通知第三债务人的程序认定为对抗要件，即未经通知，不可对抗第三债务人，那么第三债务人完全可以依原合同在质押期间直接向债务人履行而导致质权标的消灭。此时，即使质权在质权人和出质人之间仍然有效也只是空谈，没有任何实际意义了。

对于通知义务的主体问题，因债务人对第三债务人的情况比较了解，由其通知较为适宜。但为防止债务人据此懈怠职责逃避质押责任，质权人通知也应认可。此点应由合同约定为宜。对于债权证书是否交付问题，由于实际生活中证书是否存在、债权人持有几份等情况各异，出于控制债权以初步预防出质人的背信行为的一种手段以及债权实现便利的考虑，可以将债权证书的交付作为合同义务进行约定。因其在法律要件上并不存在任何意义，不便从立法的层面作出要求。

(2) 对抗要件

①登记应作为应收账款质押公示的首选。应收账款质押在性质上属物权，物权的公信原则、排他效力、优先效力都要求应收账款质押应以适当的方式进行公示。物权公示的方法主要有登记和交付两种，一方面，交付债权证书的方式因不能产生公示的效果而被排除；另一方面，登记以其权威的公共机关和严格的法定程序而更受社会公众的信赖。并且，在网络技术的迅猛发展和美国动产担保制度的影响下，登记公示在世界范围内已逐渐成为一种趋势，不可逆转。故我国采用登记方式进行应收账款质押公示并无不可。

②登记公示的效力。我国《物权法》规定了登记设立的方式来实现质权

的公示公信力。但《应收账款质押登记办法》中明确的征信中心的技术维护职责却与登记公信力本该具有的真实、正确的要求相去甚远。另外，虽然在《应收账款质押登记操作规则》第13条中规定应收账款的描述，既可以是概括性描述，也可以是具体描述，但应达到识别出质的应收账款的程度。但是在中国人民银行信贷征信中心公布的《应收账款质押风险提示》中又提示应收账款的描述可为："示例二：北京兴旺实业有限责任公司自2007年1月1日起未来5年经营期内产生的所有应收销售货款。"这是种极其概括的描述。从如上多处可见，我国征信中心为迎合群众关于商业秘密的担心、简化登记的要求以及其自身的立场倾向，其最终确立的登记方式仅类似声明登记的方式。其实，这种考量和规定也未尝不可，问题的根源在于《物权法》所确立的登记设立方式恰当与否。立法者可能担心若不是登记设立模式而改为登记对抗模式将有损质权的公示公信力。然，根据孙鹏教授的观点，"对抗模式与公信力二者之亲和并未被根本性杜绝，对抗模式先天并不排斥登记公信力，对抗力与公信力并不表现为逻辑矛盾关系，也不表现为逻辑自证关系。"① 而且，登记对抗主义也给了当事人是承受商业秘密暴露的风险还是登记对抗的风险以自主选择权，征信中心也可以从责任的非议中解脱出来。故我们认为，我国应收账款质押应采取登记对抗主义的方式。

（三）应收账款质押的效力认定

我国《物权法》第228条和第229条对应收账款质押的效力及实现进行了粗略的规定，严重影响司法实务的认定及操作。我们将实务中可能涉及的问题进行分析阐述。

1. 对第三债务人的效力

我国《物权法》仅对出质人未经许可转让应收账款的行为进行了禁止性规定，对于应收账款质押对第三债务人的效力并未明确规定。我们认为，第一，经通知到达后，第三债务人未经质权人同意，不得以收取、清偿、免除、更改等一切法律行为使其债权消灭或变更。第二，当债务人未能履行债务时，第三债务人应按照债务人或质权人的要求直接向质权人清偿。第三，第三债务人享有的撤销权、抵销权、抗辩权等能否行使的问题。法律应该平等保护各方当事人的利益。一方面，上述权利是第三债务人依法律规定或合同约定所享有

---

① 参见孙鹏：《物权公示论——以物权变动为中心》，法律出版社2004年版，第290页。

的固有权利，不应被他人的合意处分而剥夺或限制；另一方面，第三债务人的上述抗辩权等的行使将使质权陷入极大的危险和不确定中，对质权人的利益保护不利。平衡两者的利益，结合通知义务的程序，我们认为，第三债务人的抵销权、撤销权、抗辩权应限于设质通知到达时的状态，此时，质权人对该权利的存在也是明知或应该知道的，对该风险应有所预见和判断，故通知到达之时已享有的权利，仍可享有和行使；对于通知达到之后方产生的权利，将不允许其再对抗质权人。

2. 对物的效力范围

应收账款质押的效力范围应参照《物权法》第173条担保物权的担保范围，对此几无争议。但对于质权效力所及的应收账款的范围是否及于其本身附着的保证、抵押、质押等从权利，有待明确。我国《物权法》中权利质权的标的不包括保证及抵押权、质权等担保物权，若范围及于上述担保物权是否有突破物权法定之嫌？我们认为如此质疑过于机械，上述担保物权作为应收账款的从权利，如无特别约定，当然及于从权利范围而非将其入质。日本和我国台湾地区学者观点亦然。①

3. 出质的应收账款的基础法律关系不成立、无效或被撤销对质权的影响

质权的有效存在，当然也以出质债权的有效存在为前提。出质人或第三债务人违反法律规定或合同约定，未经质权人的同意，通过法律行为致使应收账款消灭的，对质权人不发生效力。此时质权合同仍然有效存在，各方仍应该依法履行各自义务。但对于如上述在设质通知达到第三债务人时已经存在的权利的行使，则此时应收账款依权利行使情况而部分或全部消灭将对质权人产生效力。应收账款质权未成立或消灭，对由此给质权人造成的损失，应由出质人按照缔约过失责任来承担赔偿责任。

（四）应收账款质押实现的完善

1. 主债权与出质应收账款的债权清偿期不同的处理

（1）主债权先到清偿期而出质债权未到期的情况下，各国立法较统一，应保护第三债务人的期限利益。同时，质权人的权利也有保障。故，只有待出质债权到期后，质权人才能向其主张权利。

---

① 参见［日］三潴信三：《物权法提要（上、下卷）》，孙芳译，中国政法大学出版社2005年版，第346页；史尚宽：《物权法论》，中国政法大学出版社2000年版，第404页。

（2）主债权未到清偿期而出质债权期满的情况下，各国立法例也大同小异。除《法国民法典》规定“如果质权人知晓就有权直接受领支付，否则，由出质人受领清偿债务”，《德国民法典》规定债务人既可以向质权人和出质人共同清偿，也可以依要求提存外，日本和我国台湾地区民事法律均规定提存的方式保全质权标的物。我们认为，《德国民法典》的规定较全面可行。如果质权人和出质人能就提前清偿达成一致，则要求第三债务人直接向双方共同清偿；如果不能达成一致，则可由第三债务人将此应收账款进行提存。

2. 应收账款浮动质押的实现问题

应收账款浮动质押的概念是借鉴我国《物权法》设立的浮动抵押制度的概念，这种质押在以未来应收账款质押的类型中大量存在，较为典型。对于该质权的实现，首先，要按照前文的判断标准严格审查其是否达到确定性的标准，对质权是否成立先行认定。其次，由于该浮动质押中包含了大量现有和将有的债权，各债权到期时间不一，不适合适用上述主债权先到清偿期而出质债权未到期情况的处理方式。故，应由法律规定来确定确切的时间固定债权。在该质权法律关系中，实现质权的时间较为确定，可以以此时间为界点来确定质权标的的范围。

3. 直接收取债权的方式及内容

按照我国《物权法》第229条的规定，应收账款质押的实现方式可以参照动产质权的拍卖、变卖、折价的方式。我们认为，动产质权之所以采取拍卖、变卖、折价的方式实现，在于质押的动产价值与担保的价值并不一定完全一致，质权人并不需要出质的动产，拍卖、变卖的方式更加公正，以及防止质权人倚仗其优势地位损害出质人利益等原因，而应收账款质押的情况与之存在根本差别。应收账款本身指向一定数额的金钱，金钱的数额可分割、可控制，而且直观明了，所以如果法律强制当事人面对一定数额的金钱还必须通过拍卖、变卖、折价的方式转化为金钱，反倒可能存在有损应收账款价值的情况，实在是费力不讨好。德国、法国、日本等国民法都规定了并且只规定了直接收取债权和提存的方式。故，我国立法也应增加直接收取债权作为应收账款质权的实现方式之一。

对于该直接收取是否需要经出质人同意，各国和地区立法例各有不同。《德国民法典》规定质权人可以直接收取，不需出质人同意。而我国台湾地区“民法典”规定“如向出质人或质权人一方为清偿时，应得他方之同意”。两种立法例出于对质权人或出质人权利的不同考虑而完全相反。我们认为，鉴于出质人不履行债务的情况较普遍，应允许质权人直接向第三债务人收取应收账款，但要向出质人进行告知，以保护出质人的抗辩权和知悉权。

三、对我国现行立法修改或解释的建议

日本著名学者星野英一评价："近代担保法所显示的价值取向是尽最大可能承认更多种类的财物可作为担保对象，最终使之有可能对于为生产为消费需要资金的人提供资金。这种努力无论在任何国家至今都在继续。中国《物权法》将生产设备和产品等企业的集合财产的抵押权以及对应收账款债权的质权行为作为新型的担保物权类型，是朝这个方向迈出了一大步。"① 但是，由于《物权法》对应收账款质押条文规定得简陋粗糙，在实施过程中已经凸显了诸多问题。我们认为应从以下几个方面进行完善：

1. 从立法的层面上修改和完善应收账款质押制度的具体规范。传统大陆法系物权理论要求物权法定，我国《物权法》第5条也明确规定物权的种类和内容由法律规定。《物权法》的实施已在一定程度上实现了应收账款质押制度种类和内容的法定，但是结合应收账款质押制度在适用过程中存在的标的认定、设立要件、实现方式等诸多问题，从立法层面进一步修改和完善法律将是引导该制度走向成熟、稳定、规范的重要保障。

2. 通过司法解释、指导案例等方式统一各级司法部门的认识和裁判标准。立法的完善固然是最美好的归宿，但是在新的立法修改、解释尚未出台之前，司法不能因此拒绝裁判。法院应结合案件情况和法律现有规定，探索立法本意，正确理解和适用法律，通过典型案例发布、相关意见指导等形式，规范、统一该类案件的裁判标准和尺度。

3. 积极指引银行业在应收账款质押融资实务领域规范法律适用。银行作为该项制度的主要推动和适用者，具备完善、成熟的管理、运作机制，应该从这一群体入手，通过司法判例、座谈交流等方式积极引导其在实务领域的规范运作，引导应收账款质押制度整体的良好适用。

① 参见［日］星野英一：《日本民法学者看中国的物权法》，载渠涛主编：《中日民商法研究（第7卷）》，法律出版社2009年版，第32页。

[最新立法司法动态]

最高人民法院

关于审理侵犯专利权纠纷案件应用法律若干问题的解释（二）（公开征求意见稿）

为正确审理侵犯专利权纠纷案件，根据《中华人民共和国专利法》、《中华人民共和国民事诉讼法》等有关法律规定，结合审判实际，制定本解释。

第一条 权利要求书有两项以上权利要求的，权利人应当在起诉状中载明据以起诉被诉侵权人侵犯其专利权的权利要求。起诉状对此未记载或者记载不明的，人民法院应当要求权利人明确；经释明，权利人不予明确的，人民法院可以推定权利人选择全部的独立权利要求。

第二条 权利人主张被诉侵权技术方案落入独立权利要求及其从属权利要求限定的保护范围，经审查，被诉侵权技术方案已落入独立权利要求限定的保护范围的，人民法院应当对被诉侵权技术方案是否落入其从属权利要求限定的保护范围作出认定；被诉侵权技术方案未落入独立权利要求限定的保护范围的，人民法院可以迳行认定被诉侵权技术方案未落入其从属权利要求限定的保护范围。

被诉侵权技术方案落入权利人主张的一项以上权利要求限定的保护范围的，人民法院应当认定被诉侵权技术方案落入专利权的保护范围。被诉侵权技术方案落入两项以上权利要求所限定的保护范围的，不影响人民法院对赔偿数额的认定。

第三条 权利人在专利侵权诉讼中主张的权利要求被专利复审委员会宣告无效的，审理专利侵权纠纷案件的人民法院可以裁定驳回权利人基于该无效权利要求的起诉；有证据证明专利复审委员会宣告专利权无效的决定被生效行政裁判撤销的，权利人可以重新起诉。

第四条 对于权利要求书、说明书及附图中的语法、文字、标点、符号、图形等错误，本领域普通技术人员通过阅读权利要求书、说明书可以清楚地得出唯一理解的，人民法院应当根据该唯一理解予以认定。

第五条 权利要求记载的文字含义清楚，但说明书的相应描述与其根本冲突，且不属于本解释第四条规定的情形的，人民法院应当根据权利要求的记载确定专利权的保护范围。

权利要求含义不明，运用法定的解释方法仍无法确定其限定的专利权保护范围，且不属于本解释第四条规定的情形的，人民法院可以裁定驳回起诉。

当事人举证证明在专利侵权诉讼的裁判作出前无效宣告请求人基于上述事由请求专利复审委员会宣告该专利权无效的，人民法院可以裁定中止诉讼。

第六条 人民法院对于权利要求的解释，应当符合专利的发明目的。被诉侵权技术方案具有专利所要克服的现有技术的缺陷的，人民法院应当认定其未落入专利权的保护范围。

第七条 人民法院判定被诉侵权技术方案是否落入专利权的保护范围，一般应当对专利技术方案以及被诉侵权技术方案进行技术特征的分解，并在此基础上进行相应技术特征的对比。

技术特征，是指技术方案中能够相对独立地实现一定的技术功能，并产生相对独立的技术效果的最小技术单元。

第八条 涉案专利与另一专利之间存在分案申请等直接关联关系的，人民法院可以运用该另一专利及其专利审查档案、生效的专利授权确权纠纷裁判文书解释涉案专利的权利要求。

专利审查档案，包括专利审查、复审、无效过程中专利申请人或者专利权人提交的书面材料，国务院专利行政部门及其专利复审委员会作出的审查意见通知书、会晤记录、口头审理记录、生效的专利复审请求审查决定书和专利权无效宣告请求审查决定书等。

第九条 人民法院在确定专利权的保护范围时，独立权利要求的前序部分、特征部分以及从属权利要求的引用部分、限定部分记载的技术特征均有限定作用。

第十条 权利要求中以功能或者效果表述的技术特征，即功能性特征，是指对于结构、组分、步骤、条件或其之间的关系等，仅通过其在发明创造中所起的功能或者效果进行限定的技术特征。但是，当事人举证证明技术术语系本领域约定俗成的或者本领域普通技术人员可以仅通过权利要求即可直接、明确地确定其技术内容的除外。

与说明书及附图记载的实现上述功能或者效果不可缺少的技术特征相比，被诉侵权技术方案的相应技术特征是以基本相同的手段，实现相同的功能，达到相同的效果，且本领域普通技术人员在专利申请日无需经过创造性劳动就能够联想到的，人民法院应当认定该相应技术特征与功能性特征相同。

与说明书及附图记载的实现上述功能或者效果不可缺少的技术特征相比，被诉侵权技术方案的相应技术特征是以基本相同的手段，实现基本相同的功能，达到基本相同的效果，且本领域普通技术人员在专利申请日后、被诉侵权行为发生日以前无需经过创造性劳动就能够联想到的，人民法院应当认定该相应技术特征与功能性特征等同。

第十一条 对于组合物的封闭式权利要求，被诉侵权技术方案在包含权利要求全部技术特征的基础上增加其他技术特征的，人民法院应当认定被诉侵权技术方案未落入专利权的保护范围，但该增加的技术特征属于不可避免的常规数量杂质的除外。

第十二条 被诉侵权技术方案不能适用于产品权利要求中使用环境特征限定的使用环境的，人民法院应当认定被诉侵权技术方案未落入专利权的保护范围。

第十三条 对于产品权利要求中以制备方法界定产品的技术特征，被诉侵权产品的制备方法与其不相同也不等同的，人民法院应当认定被诉侵权技术方案未落入专利权的保护范围。

第十四条 对于方法权利要求中的步骤顺序特征，人民法院应当根据权利要求的记载，结合说明书及附图，确定步骤顺序的变换对技术效果是否产生实质性影响，并在此基础上认定被诉侵权技术方案是否落入专利权的保护范围，但属于本解释第十五条规定的情形的除外。

第十五条 权利要求采用“至少”等用语对数值特征或者采用“首先”等用语对步骤顺序特征进行界定，且本领域普通技术人员认为权利人特别强调该用语对技术特征的严格限定作用，权利人主张与其不相同的技术特征属于等同特征的，人民法院不予支持。

第十六条 专利申请人、专利权人在专利授权确权程序中修改权利要求书、说明书或者陈述意见，被诉侵权人主张上述情形下放弃的技术方案不属于专利权保护范围，权利人举证证明该修改或者陈述未被审查员采信或者与专利授权确权条件无因果关系的，人民法院应当认定该修改或者陈述未导致技术方案的放弃。

第十七条 人民法院认定外观设计是否相同或者近似，应当从一般消费者的角度全面观察设计特征，综合判断整体视觉效果。被诉侵权设计未包含授权外观设计区别于现有设计的全部设计特征的，人民法院可以推定被诉侵权设计与授权外观设计不近似；被诉侵权设计包含授权外观设计区别于现有设计的全部设计特征的，人民法院可以推定该设计特征对整体视觉效果更具有影响。但是，当事人提出反证推翻上述推定的除外。

一般消费者，是指被诉侵权产品的直接购买者。人民法院在认定一般消费者对于外观设计所具有的知识水平和认知能力时，应当考虑授权外观设计的设计空间，即设计者在创作特定产品外观设计时的自由度。设计空间较大的，一般消费者通常不容易注意到不同设计之间的较小区别；设计空间较小的，一般消费者通常更容易注意到不同设计之间的较小区别。

第十八条 被诉侵权设计与授权外观设计的差异不足以使一般消费者将两者区分或者两者的差异属于惯常设计或由技术功能唯一决定的设计的，人民法院应当认定两者在整体视觉效果上无实质性差异。

第十九条 对于成套产品的外观设计专利，被诉侵权设计与其一项外观设计相同或者近似的，人民法院应当认定被诉侵权设计落入专利权的保护范围。

第二十条 对于组装关系唯一的组件产品的外观设计专利，被诉侵权设计与该组件产品在组合状态下的整体外观设计相同或者近似的，人民法院应当认定被诉侵权设计落入专利权的保护范围。

对于各构件之间无组装关系或者组装关系不唯一的组件产品的外观设计专利，被诉侵权设计与其全部单个构件的外观设计均相同或者近似的，人民法院应当认定被诉侵权设计落入专利权的保护范围；被诉侵权设计缺少部分单个构件的外观设计或者与其不相同也不近似的，人民法院应当认定被诉侵权设计未落入专利权的保护范围，但该部分单个构件的外观设计对于全部单个构件的外观设计整体视觉效果未产生显著影响的除外。

第二十一条 对于变化状态产品的外观设计专利，被诉侵权设计与变化状态图所示的各种使用状态的外观设计均相同或者近似的，人民法院应当认定被诉侵权设计落入专利权的保护范围。

被诉侵权设计缺少部分使用状态的外观设计或者与其不相同也不近似的，人民法院应当认定被诉侵权设计未落入专利权的保护范围，但该部分使用状态的外观设计对于全部使用状态的外观设计整体视觉效果未产生显著影响的除外。

第二十二条 权利人诉请在发明专利申请公布日至授权公告日期间实施该发明的单位或者个人支付适当费用的，人民法院可以参照适用有关专利侵权赔偿数额确定的法律规定。

专利申请公布时的申请人请求保护的范围与专利公告授权时的专利权保护范围不一致，被诉侵权技术方案均落入上述两种范围的，人民法院应当认定被诉侵权人在上述期间内实施了该发明；被诉侵权技术方案仅落入其中一种范围的，人民法院应当认定被诉侵权人在上述期间内未实施该发明。

在发明专利授权公告日以后，未经专利权人许可，使用、许诺销售、销售上述期间内已制造、进口的产品，权利人依据专利法第十一条主张停止上述实施行为的，人民法院应予支持。但是，实施人举证证明上述制造者、进口者依据专利法第十三条的规定已支付适当费用的除外。

第二十三条 产品销售合同依法成立的，人民法院应当认定属于专利法第十一条所称的销售。

第二十四条 对于将依照专利方法直接获得的产品进一步加工、处理而获得的后续产品，进行再加工、处理的，人民法院应当认定该行为不属于专利法第十一条所称的使用依照该专利方法直接获得的产品。

第二十五条 明知有关产品系专门用于实施发明创造的原材料、零部件、中间物等，未经专利权人许可，将该产品提供给无权实施该专利的人或者依法不承担侵权责任的人实施，权利人主张该提供者的行为属于侵权责任法第九条规定的帮助侵权行为的，人民法院应予支持。

明知有关产品、方法可以用于实施发明创造，未经专利权人许可，通过提供图纸、传授技术方案等方式积极诱导无权实施该专利的人或者依法不承担侵权责任的人实施，权利人主张该诱导者的行为属于侵权责任法第九条规定的教唆侵权行为的，人民法院应予支持。

第二十六条 被诉侵权人一般只能依据一项现有技术方案或者现有设计主张不侵权抗辩。但是，被诉侵权人举证证明被诉侵权技术方案属于一项现有技术方案与公知常识在专利申请日前是显而易见的组合的，或者被诉侵权设计属于一项现有设计与惯常设计在专利申请日前是显而易见的组合的，人民法院可以认定被诉侵权人的不侵权抗辩成立。

对于被诉侵权人主张的上述抗辩，人民法院应当依照专利申请日时施行的专利法界定现有技术或者现有设计。

第二十七条 非强制性国家、行业或者地方标准明示所涉专利的信息，被诉侵权人以其实施该标准而无需专利权人许可为由主张不构成专利侵权的，人民法院一般不予支持。但是，专利权人违反公平、合理、无歧视的原则，就标准所涉专利的实施许可条件恶意与被诉侵权人协商，被诉侵权人据此主张不停止实施行为的，人民法院一般应予支持。

标准所涉专利的实施许可条件，应当由专利权人、被诉侵权人协商确定；经充分协商，仍无法达成一致的，可以请求人民法院确定。人民法院应当根据公平、合理、无歧视的原则，综合考虑专利的创新程度及其在标准中的作用、标准所属的技术领域、标准的性质、标准实施的范围、相关的许可条件等因素，确定上述实施许可条件。

法律、行政法规对实施标准中的专利另有规定的，从其规定。

第二十八条 被诉侵权人为私人消费目的实施发明创造的，人民法院应当认定不属于专利法第十一条、第七十条所称的为生产经营目的。

第二十九条 为生产经营目的使用、许诺销售或者销售不知道是未经专利权人许可而制造并售出的专利侵权产品，且能证明该产品合法来源的，对于权利人要求上述许诺销售者、销售者停止侵权行为的诉讼请求，人民法院应予支持；上述使用者举证证明专利侵权产品的制造者赔偿权利人因被侵权所受到的实际损失的，对于权利人要求该使用者停止使用行为的诉讼请求，人民法院不予支持，但该使用者应当支付专利侵权产品与专利产品的差价。

不知道，一般是指实际不知道。但是，权利人举证证明上述侵权人应当知道的，对于该侵权人不知道的主张，人民法院不予支持。

合法来源，是指通过正当的商业行为购买专利侵权产品。正当的商业行为包括合法的进货渠道、通常的买卖合同、合理的价格等。对于合法来源，使用者、许诺销售者或者销售者应当提供符合交易习惯的相关证据，仅以合同中的权利瑕疵担保条款证明合法来源的，人民法院不予支持。

第三十条 侵权人停止实施相关专利会损害社会公共利益或者导致当事人之间的利益严重失衡的，人民法院可以判令侵权人不停止实施行为，并代以支付合理的使用费。

第三十一条 根据权利人的申请，人民法院可以判令侵权人将侵权产品以及专门用于制作侵权产品的材料和工具等交由权利人处理，但该处理会严重损害他物的价值或者侵权产品已经附着于他物而难以替换的除外。上述物品由权利人处理的，人民法院在确定赔偿数额时，应当扣除该物品的相应价值。

第三十二条 权利人主张依据专利法第六十五条第二款确定赔偿数额，侵权人提供证据证明权利人因被侵权所受到的实际损失、侵权人因侵权所获得的利益或者合理的专利许可使用费，且权利人不能提供反证推翻的，人民法院可以根据侵权人提供的证据确定赔偿数额；侵权人未提供上述证据的，人民法院可以依照专利法第六十五条第二款的规定确定赔偿数额。

第三十三条 人民法院为确定赔偿数额，在权利人已经尽力举证，而与专利侵权行为相关的账簿、资料主要由侵权人掌握的情况下，人民法院可以责令侵权人提供与专利侵权行为相关的账簿、资料；侵权人无正当理由拒不提供或者提供虚假的账簿、资料的，人民法院可以参考权利人的主张和提供的证据认定赔偿数额。

第三十四条 权利人与侵权人约定专利侵权的赔偿数额或者赔偿计算方法，权利人在专利侵权诉讼中主张按照该约定确定赔偿数额的，人民法院应予支持。

第三十五条 专利法第四十七条第二款所称的在宣告专利权无效前，是指在专利权无效宣告请求审查决定书载明的决定日前；该款所称的已执行、已经履行或者强制执行，是指已经实际执行、实际履行或者强制执行的部分；该款所称的恶意，包括专利申请人、专利权人明知其拟申请专利的技术方案属于现有技术或者现有设计等不应当被授予专利权的情形，仍将该技术方案申请专利并获得专利权。

第三十六条 人民法院裁定准许当事人基于和解协议提出的撤诉申请，宣告专利权无效的决定对在宣告专利权无效前该和解协议已经履行的部分，不具有追溯力；尚未履行的，不再履行。但是，该和解协议损害社会公共利益或者第三人利益的除外。

和解协议对宣告专利权无效的决定的追溯问题另有约定的，从其约定。

第三十七条 对于专利复审委员会作出的宣告专利权无效的决定，无效宣告请求人或者专利权人未在法定期间内向人民法院起诉或者该无效宣告决定被人民法院的生效裁判维持，当事人依据该无效宣告决定申请再审，请求撤销专利权无效宣告前人民法院作出但尚未执行或者尚未执行完毕的专利侵权的判决、调解书的，经审查属实，人民法院应当再审；当事人依据上述无效宣告决定，申请终结执行专利权无效宣告前人民法院作出但尚未执行或者尚未执行完毕的专利侵权的判决、调解书的，经审查属实，人民法院应当裁定终结执行。

对于专利复审委员会作出的宣告专利权无效的决定，无效宣告请求人或者专利权人已在法定期间内向人民法院起诉而未终审，当事人依据该无效宣告决定申请再审，请求撤销专利权无效宣告前人民法院作出但尚未执行或者尚未执行完毕的专利侵权的判决、调解书的，经审查属实，人民法院应当裁定中止再审审查，并中止原判决、调解书的执行。

《最新法律文件解读》丛书
稿　约

《最新法律文件解读》是一套以为最新法律规范提供同步“解读”为主的系列丛书，分为刑事、民事、商事、行政与执行4个分册，按月出版。

本丛书以“解读”为重点，突出全、专、新、快、准等特点，通过对最新出台的法律、法规、司法解释、部门规章以及重要地方性法规进行同步动态解读，弥补了法律、法规、司法解释汇编类出版物没有同步阐释、解读内容的不足，为广大读者学习理解最新法律规范，正确贯彻执行法律文件，及时解决实践中的新情况、新问题，提供一个全方位、多层面的法律信息平台。

欢迎您向以下栏目赐稿：

【最新法律文件解读】主要是对最新颁行的法律文件进行解读，帮助司法和执法人员正确理解法律文件的立法背景、意义、重点内容、在适用中应注意的问题、与相关法律文件的衔接与互动关系等等。

【司法实务问题研究】主要刊登对司法理论、实务及司法管理工作中的热点、疑难问题进行研究及评论的文章。

【新类型疑难案例选评】主要是对司法和行政执法实践中具有典型性和代表性的疑难案例，结合具体案情以及审理或处理结果进行简练精辟的点评，解析认识问题的方法、处理问题的法律依据和在个案中的具体适用。

【法学前沿与新视点】以摘要的形式刊登相关法学理论研究的最新动态及具有代表性和典型性的前沿问题，扩展法学研究的深度和广度。

【法律适用问题解答】主要针对司法和行政执法实践中面临的新问题、热点问题、疑难问题进行简要地解答，指出涉及的法律关系，明确法律适用依据。

稿件一经刊用，即付稿酬，稿酬从优。

《刑事法律文件解读》　兰丽专　邮箱：lanlizhuan@ sohu. com

《民事法律文件解读》　肖瑾璟　邮箱：courtbook@ 163. com

《商事法律文件解读》　孙振宇　邮箱：shangshijiedu@ 126. com

《行政与执行法律文件解读》　丁丽娜　邮箱：dlnlaw@ 163. com

人民法院出版社

《最新法律文件解读》丛书编辑部